Swantje Goebel · Gesellschaft braucht Behinderung

Swantje Goebel

Gesellschaft braucht Behinderung

Der behinderte menschliche Körper in
Prozessen der sozialen Positionierung

»Edition S«

Die Deutsche Bibliothek – CIP-Einheitsaufnahme
Ein Titeldatensatz für diese Publikation ist bei
der Deutschen Bibliothek erhältlich.

ISBN 3-8253-8301-6

© 2002 Universitätsverlag C. Winter Heidelberg GmbH – »Edition S«
Imprimé en Allemagne · Printed in Germany
Umschlagdesign: Drißner-Design und DTP, Meßstetten
Druck: Betz-Druck, Darmstadt

Gedruckt auf umweltfreundlichem, chlorfrei gebleichtem und
alterungsbeständigem Papier.

Den Verlag erreichen Sie im Internet unter:
www.winter-verlag-hd.de

Inhaltsverzeichnis

Einleitung

Thema und Aufbau des Buches

In einem Streitgespräch in der Wochenzeitung DIE ZEIT diskutieren die
an Parkinson erkrankte Gisela Steinert und der körperbehinderte Christian
Judith über Risiken und Hoffnungen der Präimplantationsdiagnostik (PID).
Folgender Ausschnitt soll an das Thema der vorliegenden Arbeit heranfüh-
ren:

> „Judith: Ich habe Angst vor der Genforschung. Es entwickelt sich ein normieren-
> der Druck, der zu einer Art menschlicher Monokultur führt: Alle müssen groß,
> gesund, blond und blauäugig sein. [...] Doch die Gentechnik wird nicht bei der
> Behandlung von Krankheiten stehen bleiben, sondern bald auch Qualitätsmerk-
> male in den Blick nehmen. [...] Wird Behinderung - und sei es nur die von Emb-
> ryonen - negativ bewertet, entsteht ein Druck auch auf behinderte Erwachsene.
> Steinert: [...] Aber Diskriminierung Andersartiger gab es schon immer. Daran
> ändert die Gentechnik nichts.
> Judith: Doch, die Genforschung eröffnet die Möglichkeiten, Krankheiten auszu-
> merzen. Damit senkt sie die Bereitschaft, diese zu tolerieren. [...] Die individuel-
> le Entscheidung erzeugt gesellschaftlichen Druck. Und der wirkt auf mich zu-
> rück.[...] Ich selbst habe 20 Jahre meines Lebens versucht, nicht behindert zu
> werden. [...] Permanent habe ich mich über mein Nichtkönnen definiert, meine
> Behinderung als meinen Feind angesehen. Mittlerweile hat sich das gewan-
> delt.[...] Wenn jetzt eine Fee hereinschneien würde und fragte: Du hast drei
> Wünsche frei, was möchtest du? Dann würde ich sagen: Einen Cappuccino.
> Steinert: Wirklich? Du sagst nicht: ich will gesund werden?
> Judith: Ich bin nicht krank.
> Steinert: Du bist behindert. Würdest du nicht zu der Fee sagen: Ich möchte nicht
> mehr behindert sein?
> Judith: Nein. Denn ich bin so, wie ich bin.[...]
> DIE ZEIT: Freut oder verletzt Sie das eher, wenn man Sie für ihre Behinderung
> bewundert?
> Judith: Die bewundern mich dafür, dass ich so lebe, wie ich lebe. Damit sagen
> sie zugleich, dass sie so nicht leben können. In diesem Moment sprechen sie mir
> meinen Lebenswert ab. [...]"(Schnabel; Willmann 2001, S. 27f.)

Das hier zitierte Gespräch zwischen einem Körperbehinderten und einer
Nichtbehinderten beschäftigt sich mit einem Thema, das zur Zeit in den

deutschen Medien und in der Politik verstärkt Beachtung findet: Chancen und Risiken moderner Medizin.[1]

Dabei geht es jedoch weniger um medizinische Risiken, als vielmehr um moralische Bedenken. Neben anderem wird befürchtet, dass der Einsatz der PID negative Auswirkungen auf den Umgang mit und Einstellungen gegenüber Krankheiten und Behinderungen haben wird.

Herr Judith führt in seinem Gespräch mit Frau Steinert einen in diesem Zusammenhang zentralen Punkt an: Wird Behinderung – und sei es nur die von Embryonen – negativ bewertet, entsteht ein Druck auch auf behinderte Erwachsene. Die Möglichkeit zum Eingriff in genetisches Erbgut, so die Bedenken von Herrn Judith, verstärken die negativen Einstellungen nicht nur gegenüber Krankheiten und Behinderungen, sondern ebenfalls gegenüber Menschen, die behindert oder krank sind. Kann das Risiko einer Behinderung bereits vor der Geburt nicht nur diagnostiziert, sondern auch verhindert werden, besteht die Eventualität, Menschen, die sich zur Geburt eines behinderten Kindes entscheiden, die Verantwortung für die Behinderung zuzuschreiben. Dadurch könnte sich insgesamt die Toleranz gegenüber Behinderten verringern. Die allgemein anerkannte Aufgabe des Staates als finanzielle Versorgungsinstanz Behinderter könnte beispielsweise an Akzeptanz in der Bevölkerung verlieren.

Vorliegendes Buch beschäftigt sich mit Prozessen sozialer Positionierung Körperbehinderter. Soziale Positionierung wird hier verstanden als die Gesamtheit sozialer Reaktionen Nichtbehinderter auf Körperbehinderte, die sich in Einstellungen und Verhalten gegenüber Körperbehinderung und Körperbehinderten ausdrückt. Dementsprechend gilt das Erkenntnisinteresse der Frage, welche Einstellungen zu Körperbehinderung heute in Deutschland auszumachen sind und inwieweit das Verhalten gegenüber Körperbehinderten diesen entspricht. Dabei muss klar differenziert werden zwischen Einstellungen und Verhalten, weshalb beide Komponenten sozialer Reaktionen getrennt voneinander betrachtet werden. Über die Darstellung typischer Reaktionsweisen auf Behinderung soll ein Zugang zu Normen und Wertvorstellungen gefunden werden, denen Körperbehinderte nicht entsprechen.

An dieser Stelle sei eine erste Hypothese formuliert:
Körperbehinderte Menschen erhalten innerhalb eines Gesellschaftssystems die Rolle des Abweichenden zugeschrieben, da ihre körperliche Beschaffenheit nicht dem antizipierten Erscheinungsbild entspricht. Damit können

---

[1] Ein wichtiger Hinweis auf die Aktualität der Debatte ist der von Bundeskanzler Schröder einberufene ,Nationale Ethikrat', der parallel zu laufenden Bundestagsdebatten einen Standpunkt für Deutschland zum medizinischen Einsatz von Erkenntnissen aus der Genforschung und zu Möglichkeiten der Gentechnologie ausarbeiten soll.

sie Normen und Wertvorstellungen, die in dieser Gesellschaft einen zentralen Stellenwert besitzen, nicht erfüllen.

Dadurch positioniert der physische Habitus, der den jeweils herrschenden und anerkannten Körpernormen nicht entgegenkommt, indem er soziale Reaktionen provoziert und damit jede soziale Interaktion prägt. Die Behinderung kann damit als verwurzelt in den sozialen Reaktionen verstanden werden. Denn dem Gelingen sozialer Interaktionen zwischen Behinderten und Nichtbehinderten stehen weniger physische Barrieren aufgrund der funktionalen Beeinträchtigung des Behinderten im Wege. Vielmehr sind es die Einstellungen und Verhaltensweisen Nichtbehinderter gegenüber Körperbehinderten, die sich immer auf das Merkmal der Funktionsbeeinträchtigung beziehen und die Aufnahme und Aufrechterhaltung sozialer Kontakte erschweren.

In einem ersten Teil dieses Buches werden verschiedene Definitionen von Behinderung diskutiert, indem unterschiedliche Begriffsbestimmungen nachgezeichnet und in jeweilige Bedeutungszusammenhänge je nach Verwendungen eingeordnet werden. Dem hier relevanten soziologischen Erklärungsansatz von Behinderung wird dabei ausführliche Beachtung geschenkt. Dabei ist die Komponente der gesellschaftlichen Zuschreibung einer ‚Abweichung von der Norm' und die daraus resultierenden sozialen Folgen zentraler Untersuchungsgegenstand. Mit dem strukturellen sowie dem prozessualen Ansatz werden zwei theoretische Ansätze vorgestellt, die Devianz ursächlich erklären.

Das oben zitierte Gespräch lässt vermuten, dass der Begriff ‚Behinderung' oft undifferenziert zu ‚Krankheit' verwendet wird. Dementsprechend ist es Aufgabe dieses ersten Abschnitts, auf der Basis der diskutierten Behinderungsdefinitionen einen eigenen Standpunkt zu erarbeiten und den hier verwendeten Begriff ‚Körperbehinderung' einzugrenzen.

Da Behinderung Stimulusqualität besitzt, erfährt sie in jeder sozialen Begegnung und Interaktion eine Reaktion. Körperbehinderten werden aufgrund ihrer körperlichen Beschaffenheit bestimmte Charakterzüge unterstellt, die bewusst oder unbewusst formuliert werden. Dementsprechend orientieren sich die Nichtbehinderten in ihrem Verhalten stets an der funktionalen Beeinträchtigung. Diese Struktur sozialer Reaktionen wird in einem zweiten Teil aufgezeigt, wobei die Aufmerksamkeit ausschließlich den Nichtbehinderten gewidmet wird. Dieser zweite Teil wird die Basis bilden für die Argumentation im Hinblick auf die Ausgangshypothese über soziale Positionierung Körperbehinderter und erfordert daher eine entsprechend ausführliche Darstellung.

Nicht behandeln kann diese Arbeit die Gruppenausrichtung Behinderter. Zwar unterliegen Behinderte denselben Sozialisationsvariablen wie

Nichtbehinderte, doch würde dies eine gesonderte Behandlung erfordern und kann daher hier nicht Thema sein.

Aufbauend auf dem Diskurs über den Behindertenbegriff aus soziologischer Perspektive werden die erarbeiteten Kenntnisse über die Struktur sozialer Reaktionen in einem dritten Teil in einen soziologischen Bedeutungszusammenhang gestellt. Auf erster Ebene wird mit Erving Goffmans ‚Stigma-Ansatz' eine mikrosoziologische Interpretation vorgenommen. Daran anschließend werden Sozialisationsvariablen und kulturhistorischer Hintergrund Thema sein. Dabei findet der Terminus einer ‚Abweichung von der Norm' ausführlich Beachtung, indem die Bedeutung von Normalität für die aufgezeigten Prozesse sozialer Positionierung diskutiert wird. Dabei wird sich zeigen, dass für eine abschließende Interpretation der Struktur sozialer Reaktionen eine makrosoziologische Einordnung sinnvoll ist. Daher wird auf einer weiteren Ebene Norbert Elias' ‚Prozess der Zivilisation' als ‚Theorie langfristiger Prozesse' hinzugezogen.

Begründung für Herangehensweise und fachliche Einordnung

Eine Soziologie der Behinderten hat zumeist die erklärte Zielsetzung, auf soziale Missstände aufmerksam zu machen und so Veränderungen im gesellschaftlichen Umgang mit Behinderten zu bewirken. So schreibt Günther Cloerkes in seinem Einführungsband:

> „[Eine] Soziologie der Behinderten wird es also nicht bei einer bloßen Beschreibung der Lebenswirklichkeiten von Menschen mit Behinderungen belassen können, sondern erfordert eine kritische Bewertung dieser Realität" (Cloerkes 1997, S. 3).

Der Verfasserin ist der Anspruch, den diese Stellungnahme an die Soziologie der Behinderten stellt, bewusst. Aus zwei Gründen wird eine solche Herangehensweise jedoch abgelehnt: Erstens erfordert die Zielsetzung einer Veränderung gesellschaftlicher Missstände letztlich pädagogische Überlegungen zur Rehabilitation und entspricht damit weder dem Thema, noch der fachlichen Ausrichtung dieser Arbeit. Zweitens ist für die vorliegende Arbeit Max Webers Verständnis von Soziologie grundlegend. Nach Weber ist Soziologie eine Wissenschaft, „welche soziales Handeln deutend verstehen und dadurch in seinem Ablauf und seinen Wirkungen ursächlich erklären will." (Weber 1984, S. 19). Dementsprechend hat Soziologie nicht die Aufgabe, Konzepte zu entwickeln, die auf eine Veränderung der Gesellschaft ausgerichtet sind, sondern sie soll ausschließlich bestrebt sein, Tatbestände sozialen Handelns zu erklären und die Erklärung dieses Handelns durch Verstehen verfolgen.

Dadurch ergibt sich hier folgender Anspruch:

Mögliche soziale Reaktionen auf Körperbehinderung werden idealtypisch aufgezeigt und mit Untersuchungsbeispielen veranschaulicht. Die darin erkennbare Struktur sozialer Reaktionen wird erklärend verstanden und anschließend in einem soziologischen Sinnzusammenhang gedeutet.

TEIL I: Zum Begriff Behinderung: Gesetzliche und soziologische Dimensionen

Eine Definition von Körperbehinderung erfordert zwei inhaltliche Festschreibungen. Zum einen ist eine begriffliche Bestimmung von Behinderung notwendig, zum anderen muss dies in Eingrenzung ausschließlich auf den Körper formuliert werden.

Nun werden Definitionen formuliert, um die Bedeutung eines Sachverhaltes auf ein Ziel hin zu erläutern. Das kann bedeuten, dass eine Definition nicht sämtliche Dimensionen berücksichtigt und damit ein nur begrenzt gültiges Konstrukt ist.

So ist davon auszugehen, dass sich Definitionen von Körperbehinderung durch medizinisch-therapeutische Instanzen von zahlreichen Alltagsvorstellungen unterscheiden; dass sich juristische Definitionen für die Anspruchsberechtigung auf soziale Leistungen nicht mit dem Begriff der Körperbehinderung als Sonderschulbedürftigkeit decken. Von diesen Definitionen kann sich nun wiederum die Selbstdefinition von physisch Geschädigten abheben.

Eine Begriffsbestimmung, wie sie mit §39 des Bundessozialhilfegesetzes (BSHG) vorliegt, bei der behinderte Menschen als „Personen, die nicht nur vorübergehend körperlich, geistig oder seelisch wesentlich behindert sind" (zit. nach Schulte / Trenk-Hinterberger 1988, S. 127), bezeichnet werden, kann zum Beispiel als Instrument der Soziologie nicht ausreichen. Diese Definition orientiert sich ausschließlich an einer funktionalen Beeinträchtigung des Einzelnen. Eine nur medizinisch-juristische Feststellung von Mängeln klammert die Auswirkungen auf die Lebensgestaltung des betreffenden Individuums aus.

Soziale und individuelle Konsequenzen einer Zuordnung zur Kategorie ‚Behindert' sind für die Soziologie ebenso zentrale Aspekte wie die ursächliche Erklärung für institutionelle, gesellschaftliche Definitionen von Behinderung, da diese ebenfalls sozial geformt werden und wiederum auf die Gesellschaft wirken. Daher ist für die hier geführte Argumentation eine soziologische Auseinandersetzung mit unterschiedlichen gesellschaftlichen Definitionen und ihrem Entstehungskontext ebenso Voraussetzung wie eine Festlegung auf eine Arbeitsdefinition von Behinderung.

Bevor eine soziologische Begriffsbestimmung vorgenommen wird, soll die nach internationalem Verständnis umfassende Dreiteilung der Weltgesundheitsorganisation (WHO) knapp erläutert werden, da sie nicht nur zahlreichen relevanten Definitionen, sondern auch dieser Arbeit zugrunde liegt.[2]

Des Weiteren soll in diesem Abschnitt die derzeit gesetzlich gültige Definition des deutschen Versorgungsgesetzes dargestellt werden, die sich an der Minderung der Erwerbsfähigkeit orientiert. Gesetzliche Bestimmungen spiegeln den gesellschaftlichen Kontext wieder, in dem sie formuliert wurden. Dementsprechend ist eine knappe Erläuterung dieses Instruments, nach dem Behinderung klassifiziert wird, im Hinblick auf den dritten Teil sinnvoll, weil dessen Qualität nicht nur über Art und Umfang der Unterstützung Behinderter entscheidet, sondern eine Interpretation des Stellenwertes von Behinderung und damit von Behinderten ermöglicht.

1. Die Definition der Weltgesundheitsorganisation von Behinderung

Die 1948 gegründete Weltgesundheitsorganisation unterscheidet folgende drei aufeinander aufbauenden Komponenten von Behinderung:[3]

‚Impairment' bezeichnet psychologische, physiologische oder anatomische Ursachen für funktionale Beeinträchtigungen, das heißt im menschlichen Organismus ursächliche Störungen. Ausgangspunkt ist also eine Schädigung, ein Verlust oder eine Abnormalität als objektivierbare Abweichung von der Norm (vgl. World Health Organisation 1980, S. 47ff).

‚Disability' bezieht sich auf die personale Ebene und weist auf direkte Folgen des ‚Impairment' hin, also auf die funktionale Beeinträchtigung der Ausübung von Verhaltensweisen, die zum Repertoire des menschlichen Wesens gehören, und vergegenständlicht somit ‚Impairment' (vgl. a.a.O., S.43ff).

‚Handicap' betont die möglichen sozialen Folgen von Schädigung, beziehungsweise Behinderung. Behinderung kann sich auf die Übernahme von Rollen, die Alter und Geschlecht als angemessen gelten, sowie auf soziale und kulturelle Aktivitäten einschränkend auswirken und somit Benachteiligung bedeuten. Die Behinderung bei der Übernahme von sozialen

---

[2] Cloerkes bezeichnet beispielsweise die Dreiteilung der WHO als inzwischen übliches Verständnis von Behinderung (vgl. 1997, S. 5). Dieselbe Ansicht vertritt Bintig, der eine allgemein anerkannte Definition in den Sozialwissenschaften vermisst, weshalb die WHO-Klassifikation häufig als Grundlage dient (vgl. 1999, S. 489).

[3] Die WHO besteht als Organ der Vereinten Nationen aus über 150 Mitgliedsstaaten. Ihr Ziel ist eine weltweite Anhebung des Gesundheitsstandards durch internationale Zusammenarbeit von Experten. Dementsprechend sind Vorsorge und Kontrolle von Krankheiten durch Schaffung, beziehungsweise Erhalt entsprechender Umweltbedingungen ebenso Programm wie die Publikation von Forschungsergebnissen sowie operationalisierbare Begriffsdefinitionen.

Rollen bedeutet also eine Beschränkung gesellschaftlicher Teilnahme (vgl. a.a.O., S. 183ff).

Ein Beispiel soll die hierarchische Gliederung der drei Komponenten verdeutlichen: Ein Kind wird beispielsweise mit dem ‚Impairment' Taubheit geboren. Das kann dazu führen, dass es gar keine oder keine hinreichende Sprachkompetenz erwirbt, was eine ‚Disability' bedeuten würde in der Verständigung auf der personalen Ebene. Eine mögliche und wahrscheinliche Folge wäre ein ‚Handicap' in der Lebensführung, da ein Leben entsprechend der Interessen und Anlagen nur erschwert möglich wäre.

Die Kategorie ‚Impairment' wird weiterhin unter Zuhilfenahme eines Neun-Punkte-Kataloges kategorisiert. Dieser beinhaltet intellektuelle sowie andere geistige Einschränkungen, auch Sinnesbeeinträchtigungen wie Sprach-, Hör- und Sehschäden. Weiterhin bilden organische Beeinträchtigungen, den Knochenbau betreffende Schädigungen sowie Behinderungen aufgrund äußerlicher Entstellungen jeweils eine Abteilung. Da Behinderungen anhand dieser Sektionen geordnet werden, ermöglichen die Kategorien für multiple Einschränkung und für sonstige Schädigungen eine Einordnung von Beeinträchtigungen, die in den anderen Punkten nicht gefasst sind.

Die Kategorie ‚Disability' als Behinderung der Handlungsfähigkeit wird ebenfalls in einem Neun-Punkte-Schema gefasst. Dieses beinhaltet Verhaltens- und Kommunikationseinschränkungen, Begrenzungen im Bereich der persönlichen Versorgung, motorische Beeinträchtigungen, Gemütsschmälerungen, Unfähigkeit zu Geschicklichkeit, situativ bedingte Begrenzungen des Durchhaltevermögens, spezielle Behinderungen bezüglich Aufgabenbewältigung und Verhaltensfähigkeit, teilweise Einschränkungen der Geschicklichkeit sowie eine Restkategorie für andere Hemmnisse in der Ausübung von Aktivitäten. ‚Disability' stellt somit eine Schnittstelle dar zwischen ‚Impairment' und ‚Handicap', da es die Folgen von ‚Impairment' in den Blick nimmt.

Die Dimension ‚Handicap' thematisiert die an behinderte Individuen herangetragene Erwartung, sich als Mitglied einer Gruppe entsprechend den Vorstellungen über diese Gruppe zu verhalten[4]. Damit steht das Individuum in einer Unvereinbarkeit zwischen einerseits individuellem Selbstverständnis und entsprechendem Verhalten und andererseits konkreten sozialen Erwartungen bezüglich seiner Rolle als behinderte Person. ‚Handicap' reflektiert die daraus entstehenden Benachteiligungen, die das auf

---

[4] Es sei hier angemerkt, dass in der gesichteten Literatur keine Unterscheidung vorgenommen wird zwischen Verhalten und Handeln. Die Schreiberin hält diese Ungenauigkeit insbesondere bei soziologischen Arbeiten für bedenklich. Daher soll im zweiten Teil der Arbeit, der sich mit tatsächlichem Tun Nichtbehinderter auseinandersetzt, eine Begründung gegeben werden, weshalb der Begriff ‚Verhalten' beibehalten wird.

medizinischer und personaler Ebene behinderte Individuum im kulturellen, sozialen, finanziellen und Umweltbereich erfährt.

Eine Liste zur Kategorisierung der Benachteiligung umfasst folgende sechs Dimensionen:

‚Orientation Handicap' bezieht sich auf die Fähigkeit, sich selbst in Relation zur Umgebung zu orientieren.

‚Physical Indipendence Handicap' meint die Kompetenz zu einer unabhängigen und erfolgreichen, dem herkömmlichen Standard entsprechenden Lebensführung.

‚Mobility Handicap' fasst die Fähigkeit, sich selbständig in seiner Umgebung bewegen zu können.

‚Occupation Handicap' bezieht sich auf Tätigkeiten, mit denen Individuen entsprechend ihrem Alter, Geschlecht und ihrer Kultur ihre Zeit verbringen.

‚Social Integration Handicap' ist die Fähigkeit des Individuums, an sozialen Beziehungen teilzuhaben und diese zu bewahren.

‚Economic Self-suffficiency Handicap' ist die individuelle Fähigkeit der sozioökonomischen Aktivität zur eigenen Versorgung sowie die Erhaltung finanzieller Unabhängigkeit.

Diese sechs Dimensionen werden als ‚Survival Rules' bezeichnet, da sie als die Kompetenzen angesehen werden, welche die Voraussetzungen für eine eigenständige Lebensweise darstellen. Die Ausprägungen der ‚Survival Rules' sind je nach Behinderungsform mehr oder weniger stark in benachteiligender Weise auf das behinderte Individuum wirksam. Mit dieser breiten Erfassung unterscheidet sich die Kategorie ‚Handicap' von den Dimensionen ‚Impairment' und ‚Disability', da diese als Schemata funktionieren, in die Individuen nach ihrem Profil eingeordnet werden. Somit bilden die ‚Survival Rules' das Profil eines Benachteiligtenstatus, der die Beschränkungen in der gesellschaftlichen Teilnahme differenziert erfassen will. Damit unterscheidet sich die Dimension des ‚Handicap' erheblich von der Klassifikation ‚Impairment' oder ‚Disability', die beide ausschließlich die personale Ebene thematisieren, während die Komponente ‚Handicap' ebenfalls auf die gesellschaftliche Ebene verweist.

Zur Verwendbarkeit der WHO-Definition für die Soziologie

Aus soziologischer Sicht ergeben sich aus der WHO-Definition zwei Schwierigkeiten. Die erste betrifft die methodische Gemeinsamkeit der drei Dimensionen der Bestimmung über eine Abweichung von der Norm, die folglich eine Operationalisierung des Normbegriffs voraussetzt. Denn will man eine Abweichung von etwas begrifflich fassen, muss der Begriff der Normalität deutlich sein, das heißt, Normalität muss objektiv erkennbar und für jeden fassbar sein. Jedoch woran bemisst sich die Normabweichung? Ist die Schädigung immer so exakt feststellbar, wie medizinische und sonderpädagogische Diagnostik nahe legen?

Dieser Kritikpunkt hängt unmittelbar mit einer weiteren Überlegung zusammen: Für die WHO rechtfertigt erst die Erfüllung der drei hierarchisch aufgebauten Komponenten die Benutzung des Begriffes ‚Behinderung'. ‚Impairment' wird also notwendige Voraussetzung für Behinderung. Die Komponente ‚Handicap' kann jedoch vielfältigere Ursachen haben. So kann eine Gesichtstätowierung als Abweichung von der Norm beispielsweise im Sinne von ‚Handicap' auf der sozialen Ebene ‚behindern', auch wenn damit kein ‚Impairment' und keine ‚Disability' vorliegt. An diese Aussage schließt sich die Überlegung an, dass eine solche Begriffsbestimmung eine Gruppe eingrenzt, die als eine solche nicht existiert. Bei Behinderung kann von einer Gruppe als homogener Formation nicht ausgegangen werden, was bereits durch die WHO-Definition mit ihrer Ausdifferenzierung unterschiedlicher Ursachen deutlich wird.[5]

Damit wird ersichtlich, dass Behinderung nichts Absolutes, sondern erst als soziale Kategorie begreifbar ist. Nicht die Schädigung ist ausschlaggebend, sondern die ihr zugemessene Bedeutung.

Zusammenfassend kann also festgestellt werden, dass die Klassifikation der WHO für die Soziologie ausschließlich als Grundlage dienen kann. Entscheidend für eine Nutzung ist das Erkenntnisinteresse beziehungsweise die Forschungsausrichtung der soziologischen Analyse. Während eine Untersuchung der Identitätsbildung Behinderter auf eine Thematisierung des Normbegriffs insbesondere im Bereich ‚Disability' nicht verzichten kann, ist für einen theoretischen Diskurs über Behinderung als soziologischer Begriff die Bedeutung konsequent in der Dimension ‚Handicap' zu suchen.

Wird, wie in der vorliegenden Arbeit, eine konkrete, nach medizinischen Kriterien klassifizierbare Behinderungsform Untersuchungsgegenstand, spricht nichts gegen eine Orientierung an ‚Impairment', ‚Disability' und ‚Handicap', da ‚Impairment' und damit Normabweichung objektiv festgestellt werden kann. Bei einer weiter gefassten Bedeutung von Behin-

---

[5] Klee argumentiert gegen eine Pauschalisierung, indem er betont, dass Behinderte sich selbst nicht als eine Gruppe verstehen und auch nicht als eine solche behandelt werden wollen. Ganz im Gegenteil existiert nach Klees Auffassung eine hierarchische Ordnung unter den einzelnen Behinderungsformen, nach der sich Behinderte von den jeweils ‚niedrigeren' Gruppen deutlich abgrenzen. Demnach stehen Spastiker in der Rangordnung von Körperbehinderten zwar ganz unten, jedoch ordnen sich Körperbehinderte generell über geistig Behinderten ein (vgl. Klee 1980, S. 34). Dem stimmt auch Cloerkes zu, indem er diagnostiziert, dass „de facto längst eine ‚Behindertenhierarchie' existiert." (vgl. 1980, S. 13).

derung gilt es jedoch, Kriterien für eine Feststellung von Normabweichung zu diskutieren, da Behinderung beispielsweise ebenso als Ergebnis eines sozialen Bewertungsprozesses festgestellt werden kann, selbst wenn objektiv kein Grund dafür vorhanden ist.

2. Die gesetzliche Klassifikation von Behinderung über die ‚Minderung der Erwerbsfähigkeit'

Arnfried Bintig kritisiert an der Definition der WHO, dass unklar bleibt, welche Instanzen die definitorische Macht haben sollen, die entsprechenden Kriterien festzulegen, nach denen eine Normabweichung zu ermitteln ist. Für ihn ergibt sich aus soziologischer Sicht die Notwendigkeit, tatsächliche Definitionsprozesse näher zu bestimmen (Bintig 1999, S. 489).

Exemplarisch soll hier das Versorgungsgesetz vorgestellt werden, das Behinderung über ein Maß der Minderung der Erwerbsfähigkeit definiert:

> „Die Minderung der Erwerbsfähigkeit ist nach der körperlichen und geistigen Beeinträchtigung im allgemeinen Erwerbsleben zu beurteilen; dabei sind seelische Begleiterscheinungen und Schmerzen zu berücksichtigen. Für die Beurteilung ist maßgebend, um wie viel die Befähigung zur üblichen, auf Erwerb gerichteten Arbeit und deren Ausnutzung im wirtschaftlichen Leben durch die als Folgen einer Schädigung anerkannten Gesundheitsstörungen beeinträchtigt wird. Vorübergehende Gesundheitsstörungen sind nicht zu berücksichtigen. Als vorübergehend gilt ein Zeitraum von bis zu sechs Monaten. Bei jugendlichen Beschädigten (§34) ist die Minderung der Erwerbsfähigkeit nach dem Grad zu bemessen, der sich bei Erwachsenen mit gleicher Gesundheitsstörung ergibt." (BVG §30, zit. nach Bintig 1999, S. 489).

Aufgrund der durch die Verfassung garantierten Sozialstaatlichkeit haben Menschen, die wegen ihrer körperlichen Gegebenheiten nicht erwerbsfähig sind, Anspruch auf staatliche Versorgung.[6] Um diese – je nach Schweregrad der Behinderung abgestufte – Versorgung gewährleisten zu können, muss ein Maß zur Einordnung angewendet werden. Diesem Ziel entspricht die Ausrichtung der Definition als eine operationalisierbare, messbare Einheit, die ausschließlich Kriterien fassen will, die den in Deutschland üblichen Weg der Selbstversorgung, die Erwerbstätigkeit, verhindern. Daher beschränkt sich dieses verwaltungstechnische Verfahren weitestgehend auf ärztlich diagnostizierbare Gesundheits- beziehungsweise Krankheitskriterien. Dies erschwert jedoch eine Klassifikation außerhalb von Körper- und

---

[6] Der Gedanke der sozialen Verantwortung ist spätestens seit Bismarcks Sozialversicherungsprogramm verbürgt und später nach dem zweiten Weltkrieg mit der Gründung der BRD detaillierter festgeschrieben.

Sinnesbeeinträchtigungen. Darüber hinaus bleiben psychische Krankheiten unbeachtet.

Das Konzept der Minderung der Erwerbsfähigkeit ist demzufolge ein statisches, das nichts über die sozialen Folgen funktionaler Behinderung oder über die verbleibende Teilhabe am Leben in der Gemeinschaft aussagt, da diese Faktoren für die Fähigkeit zur Erwerbstätigkeit prinzipiell unerheblich sind.

Für Ernst Klee stellt die Definition über die Produktivität eines Menschen einen Hinweis auf gesellschaftliche Bewertungsprozesse dar, nach denen Behinderte aufgrund von Defekten, Mängeln und Schäden als ‚Minus-Menschen' stigmatisiert werden. Behinderung, so Klee, wird damit zum individuellen Merkmal; folglich wird dem Behinderten die Verantwortung übertragen, sich den Leistungsnormen anzupassen, um sich über diesen einzig möglichen Zugang zur Gesellschaft zu integrieren.[7]

Mit seiner Interpretation der Minderung der Erwerbsfähigkeit betont Klee allerdings, ähnlich zur WHO-Definition, die Bedeutung und Gewalt gesellschaftlicher Zuschreibungsprozesse und Bewertungen als ursächliche Merkmale von Behinderung. Dieser soziologischen Sichtweise soll im Folgenden explizit nachgegangen werden.

3. Behinderung aus soziologischer Perspektive

Dieses Kapitel wird sich mit Veröffentlichungen auseinandersetzen, in denen eine Begriffsdefinition von Körperbehinderung für die Soziologie vorgenommen wird. Dem soll eine Bemerkung zum Forschungsstand vorausgehen, so wie er der Verfasserin zugänglich war.

---

[7] vgl. Klee 1980, S. 12f. Inzwischen wurde das Gesetz umbenannt in ‚Grad der Behinderung'(GdB). Diese begriffliche Umformulierung stellt einen Hinweis dar für die gesellschaftliche Bedeutung von Definitionen und kann als Indiz gewertet werden, dass die Anschuldigungen von Klee erstens nicht unberechtigt waren und zweitens im Zusammenhang mit Protesten aus anderen ‚Krüppelbewegungen' einen Denkprozess auslösen konnten. (Die Bezeichnung ‚Krüppel' wurde bis zur Mitte des letzten Jahrhunderts generell gegenüber Körperbehinderten verwendet. In den Siebzigern nahmen die Körperbehinderten diesen Begriff wieder auf, um damit ihr Selbstbewusstsein im Umgang mit ihrer Behinderung zu demonstrieren und auf die Gewalt von gesellschaftlichen Zuschreibungen zu verweisen. Der an Glasknochenkrankheit behinderte Dr. Peter Radtke ist beispielsweise ein prominenter Vertreter dieser Bewegung.)

Vorbemerkung zum Forschungsstand

Dem Versuch einer soziologischen Annäherung an ein soziales Phänomen sollte ein Überblick über bisherige theoretische Ansätze, deren zeitliche Entwicklung sowie den momentanen empirischen Forschungsstand vorausgehen. Bei der Auseinandersetzung mit Körperbehinderung gestaltet sich dieses Vorhaben als schwierig, da sich weder eine Struktur in den einzelnen Ansätzen, noch Einigkeit in der Verwendung von Begriffen ausmachen lässt. Bernhard Klingmüller kommentiert die Uneinigkeit in der deutschen Soziologie der Behinderung folgendermaßen:

> „Die Diskussion um die Definition von Behinderung und Körperbehinderung wird extensiv geführt, ohne daß ein Ende, geschweige denn ein Ergebnis abzusehen ist. Einigkeit besteht allenfalls in der Uneinigkeit. Zwar ist der Inhalt des Begriffs „Behinderung" umstritten, nicht aber sein Stellenwert" (Klingmüller, 1993, S. 88).

Nichtsdestotrotz kommt die Verfasserin zu folgender Bilanz:
Beginnend in den sechziger Jahren erscheint eine Vielzahl von Publikationen, die sich meist kritisch mit der verminderten gesellschaftlichen Teilhabe Behinderter auseinandersetzen. Bintig bietet eine schlüssige Erklärung, wenn er dieses verstärkte Interesse an Randgruppen und sozialen Problemen als ein prinzipielles Phänomen in der damaligen Studentenbewegung bezeichnet (vgl. Bintig 1999, S. 494). Damit ist die Behindertensoziologie von Anbeginn an auf Veränderung der gesellschaftlichen Behandlung Behinderter oder zumindest als Verweis auf gesellschaftliche Missstände ausgerichtet. Walter Thimm schreibt in seinem 1972 veröffentlichten Reader:

> „Soziologie hat die Aufgabe, die [...] Grenze der Unvermeidbarkeit von Leiden an gesellschaftlichen Zuständen einzureißen und soweit wie möglich nach hinten zu schieben."[8]

Es soll hier die Ansicht vertreten werden, dass sich die Behindertensoziologie mit dieser Ausrichtung in die fachliche Nähe zur Sonderpädagogik einordnet. Das könnte vielleicht erklären, weshalb mikrosoziologische Ansätze im Vergleich zu makrosoziologischen Fragestellungen so stark ü-

---

[8] Thimm 1972, S. 11. In dem hier zitierten Reader erscheint erstmals der Begriff ‚Soziologie der Behinderten'. Interessanterweise möchte Thimm damit eine Einführung für die Sonderpädagogik geben. Bestätigt also die erste explizit dieser Spezialdisziplin zugeordnete Veröffentlichung die hier ausgeführten Vermutungen?

berwiegen.[9] Eine idealtypische Klassifizierung von Reaktionsformen auf Behinderung sowie Kenntnisse über den Identitätsbildungsprozess Behinderter erleichtern die Erarbeitung anwendungsbezogener Konzepte zur Überwindung gesellschaftlicher Missstände.

Weiterhin wurden seit Ende der achtziger Jahre in einer scheinbar abnehmenden Zahl an Publikationen wenig neue Gedanken formuliert. Diese Beobachtung bestätigt auch Cloerkes, wenn er in seinem Vorwort zu einem Lehrbuch schreibt:

> „Hier [in der deutschen Behindertensoziologie, S.G.] sind schon seit langem so gut wie keine wesentlichen Impulse aus der Forschung zu verzeichnen.[...] Zu einigen Themen wird keine aktuelle Literatur nachgewiesen. Das liegt daran, daß es sie entweder nicht gibt oder daß in neueren Arbeiten nur wiederholt wird, was schon vor vielen Jahren (und dann meistens besser) gesagt worden ist." (Cloerkes 1997, S. XIII).

Eine ursächliche Klärung dieser Wahrnehmung könnte sich aufschlussreich für die weitere Argumentation gestalten. Trotzdem soll es hier bei diesem Hinweis bleiben, da dieser Rahmen eine Vertiefung nicht zulässt.

Ein anderes Bild zeigt sich in den USA. Dort setzen sich seit Anfang der neunziger Jahre Kulturwissenschaftler mit der Geschichte der Normen auseinander. Der Ansatz zur Definition von Behinderung der jungen Disziplin ,Disability Studies' entspricht dem Verständnis der vorliegenden Arbeit: Behinderung wird nicht als medizinisches Defizit verstanden, sondern als Kennzeichen einer Minderheit, durch welche die Normalität der Mehrheit erst ermöglicht wird. Mit dieser Sichtweise verorten sich ,Disability Studies' im gleichen theoretischen Diskurs wie ,Gender Studies' oder ,Queer Studies'.

Die ,Society for Disability' ist Motor vielfältiger Aktivitäten, wie beispielsweise das Erscheinen der Zeitschrift ,Disability Studies Quarterly', sowie jährlicher Tagungen. Mittlerweile haben sich an mehreren Universitäten in den USA Forschungsgruppen gebildet; so hat die University of Michigan eine eigene Buchreihe, ,Corporealities' gestartet (vgl. Holtorf 2001, S. 42).

Eine soziologische Bestimmung von Körperbehinderung

Klarheit in der Verwendung von Begriffen bildet die Grundlage jeder fundierten Auseinandersetzung. Rückgreifend auf die WHO-Komponente

---

[9] Diese Vermutung bestätigen auch Thimm und Wieland, die „eine zu starke Betonung mikrosoziologischer Ansätze auf Kosten makrosoziologischer Orientierungen" feststellen (1983, S. 439).

‚Handicap' erfordert eine soziologische Begriffsverwendung von Körperbehinderung die Berücksichtigung gesellschaftlicher Konstruktionsbedingungen, sprich der sozialen Rahmenbedingungen, die eine in medizinischen Termini beschreibbare physiologische dauerhafte Funktionsbeeinträchtigung zur Behinderung ausdifferenzieren.

So erklärt sich für Behinderte der Begriff ‚Behinderung' über ihr Erleben als Behinderte. Die Hinderung oder Erschwernis in der Ausübung sozialer Rollen, die ihrem Status angemessen wären, bedeuten für sie gesellschaftliche Primärerfahrung, denn:

> „Die Erfahrung der Behinderung ist mit dem Alltagsleben, d.h. mit den Lebenskontexten unmittelbar verknüpft, in die behinderte Menschen eintreten, in denen sie leben und leben müssen." (Ferber 1988, S. 74).

Daraus folgernd ist also die Sozialisation Behinderter eng mit sozialen Reaktionen und Bewertungen aufgrund der Behinderung verknüpft. Insofern scheint sich der Körperbehinderte nicht mehr nur durch eine körperliche Abweichung zu unterscheiden, sondern auch durch den damit verbundenen Identitätsbildungsprozess. Für Christian von Ferber bildet das Erleben des Individuums die Basis für eine Bestimmung von Behinderung:

> „Aus diesem alltagsweltlichen Zusammenhang ist die Generalisierung der Erfahrung der Behinderung nur über Abstraktionsleistungen ablösbar. Die soziologische Begrifflichkeit der Behinderung beruht daher im ersten Zugriff auf der phänomenologischen Rekonstruktion der Primärerfahrung. [...] Gesellschaftliche Primärerfahrungen, auch die Erfahrungen mit sich selbst und mit der eigenen Leiblichkeit, mit der leiblichen Gefährdung und Gebrechlichkeit, sind stets Erfahrungen, die wir in der Interaktion mit den für uns bedeutungsvollen Personen, Gruppen und Institutionen machen." (a.a.O., S. 74).

Ob eine Organschädigung oder eine Funktionsbeeinträchtigung für einen Menschen auch ein ‚Handicap', eine Benachteiligung im Umgang mit anderen darstellt, erfährt jeder nur aus den tatsächlichen oder erwarteten Reaktionen anderer. Ob ein Mensch sich ‚in unerwünschter Weise anders' (Goffman 1967, S. 13) verhält, stellt sich erst in der Interaktion heraus.

Das folgende Zitat verankert Behinderung im sozialen Kontext und enthält damit für diese Arbeit grundlegende Überlegungen zur Bedeutung von körperlicher Schädigung im Sinne der WHO-Definition. Daher soll es als Einleitung in eine auf diese Arbeit ausgerichtete Definition angeführt werden, wobei bereits hier darauf verwiesen werden muss, dass die Verfasserin letztendlich über die Kritik an Schönbergers Definition eine Begriffsbestimmung aufbauen wird:

„Körperbehindert ist, wer infolge einer Schädigung der Stütz- und Bewegungsorgane in seiner Daseinsgestaltung so stark beeinträchtigt ist, daß er jene Verhaltensweisen, die von Mitgliedern seiner wichtigsten Bezugsgruppen in der Regel erwartet werden, nicht oder nur unter außergewöhnlichen individuellen und sozialen Bedingungen erlernen bzw. zeigen kann und daher zu einer langfristigen schädigungsspezifisch-individuellen Interpretation wichtiger sozialer Rollen finden muß." (Schönberger, zit. nach Thimm/Wieland 1983, S. 440).

Nach soziologischem Verständnis drückt sich Behinderung also darin aus, dass sich Körperbehinderte von der Norm abweichend verhalten, da sie aufgrund ihrer körperlichen Funktionsbeeinträchtigung nicht die Rollen übernehmen können, die ihrem Alter, ihrem Geschlecht und ihrem Status angemessen sind. Behinderung bedeutet also eine Behinderung in der Erfüllung von Verhaltenserwartungen.

Die von Schönberger formulierte Bestimmung von Körperbehinderung stellt damit einen Anknüpfungspunkt dar, mit dem die Bedeutung einer solchen Zuschreibung für das Individuum tiefergehend analysiert werden kann. Indem sie nämlich die Folgen der Funktionsbeeinträchtigung für das Individuum fokussiert, thematisiert sie den Identitätsbildungsprozess, der von speziellen Mechanismen geprägt ist, um den Konflikt zwischen erwarteten Rollen und körperlich bedingter Begrenztheit in deren Übernahme zu bewältigen.

Die Tragweite sozialer Reaktion auf Abweichung wird am deutlichsten in der Auswirkung auf das behinderte Individuum selbst. Dieser Aspekt wird in zahlreichen Publikationen ausführlich behandelt und nimmt in der Behindertensoziologie eine zentrale Stellung ein.[10] Eine soziologische Bestimmung, die Behinderung auf der Interaktionsebene ansiedelt, muss sich dieser Wechselwirkung zumindest bewusst sein, auch wenn sich die Perspektive ausschließlich auf die sozialen Reaktionen Nichtbehinderter richtet. Denn Schönbergers Bestimmung von Körperbehinderung provoziert folgende Überlegung:

Körperbehinderung verhindert eine Rollenübernahme, die dem Alter, Geschlecht und Status angemessen ist. Indem der Behinderte Merkmale besitzt, die sich der Aufmerksamkeit der sozialen Umwelt aufdrängen, weicht er von gesellschaftlichen Erwartungen ab und provoziert soziale Reaktionen.[11]

Soziale Normen dienen als generalisierte Verhaltenserwartungen der wechselseitigen Orientierung des Handelns, was für die soziale Umwelt

---

[10] Exemplarisch seien hier Bleidick 1994, Cloerkes 1980, Ferber 1972, Klee 1980, Mürner 1982 genannt.

[11] Der Begriff ‚Soziale Reaktion' ist von Cloerkes übernommen und meint die „Gesamtheit der Einstellungen und Verhaltensweisen auf der informellen Ebene der zwischenmenschlichen Interaktion." (1997, S. 75f.).

bedeutet, dass behinderte Menschen anders sind, als man erwartet und damit eine Zuordnung weit mehr als bei Nichtbehinderten erschwert wird. Eine Begegnung mit offensichtlicher Körperbehinderung würde also bedeuten, dass der Nichtbehinderte ungeachtet der Behinderung dieselben Erwartungen an den Körperbehinderten stellt, die er an jeden anderen stellen würde.

Da die Behinderung jedoch offensichtlich ist, wird der Behinderte als abweichend von der Norm registriert. Das bedeutet in logischer Konsequenz, dass eben nicht normales Verhalten erwartet wird, das nicht erfüllt werden kann, sondern ein Verhalten, das gesellschaftlichen Erwartungen bezüglich Abweichenden entspricht.

Also drückt sich die Behinderung nicht primär darin aus, dass ‚gängige' Rollen nicht übernommen werden können, sondern dass Körperbehinderte mit der Erwartung konfrontiert werden, eine bestimmte Rolle zu übernehmen, nämlich die Rolle des Abweichenden, die mit explizit darauf ausgerichteten Bedeutungen und Normen verknüpft ist.[12]

Eine Bewertung ist damit jedoch noch nicht verbunden; die Reaktionen können prinzipiell negativ, ambivalent oder positiv sein. Lediglich Gleichgültigkeit gegenüber der Andersartigkeit ist aufgrund der Stimulusqualität von Behinderung ausgeschlossen.[13] Rückgreifend auf die Komponente ‚Handicap', nach der sich Behinderung erst durch die soziale Benachteiligung in der Ausübung sozialer Rollen manifestiert, kann von Behinderung also erst dann gesprochen werden, wenn eine Andersartigkeit entschieden

---

[12] Seywald kommt bei einer Auseinandersetzung mit der Anwendung des Rollenkonzeptes auf physisch Abweichende zu demselben Schluss, indem sie schreibt: „Folglich ist role failure nicht der Kern der sozialen *Disability*-Problematik, sondern es existiert eine von funktionalen Notwendigkeiten unabhängige Rolle des Behinderten." Diese Rolle muss ihrer Meinung nach nicht zwangsläufig negativ besetzt sein. Im Gegenteil könnte eine dispensierende Sonderrolle physisch Abweichende davor bewahren, die Ablehnung zu erfahren, die Abweichenden zukommen kann, vorausgesetzt, es liegt eine objektiv feststellbare Funktionsbeeinträchtigung vor (so wie dies bei Körperbehinderten der Fall ist) (1978, S. 67).

[13] Cloerkes bezeichnet jede Andersartigkeit als Merkmal mit Stimulusqualität, die Spontanreaktionen auslösen oder Aufmerksamkeit hervorrufen. Entscheidend ist also das Auslösen einer Reaktion, wobei er unterscheidet zwischen Andersartigkeit und Behinderung. Denn eine Andersartigkeit wird erst dann zur Behinderung, wenn diese in einer bestimmten Kultur entschieden negativ bewertet wird (Cloerkes 1997, S. 100). Eine Betrachtung der gesellschaftlichen Bewertung von Körperbehinderung im dritten Teil dieser Arbeit wird zeigen, dass die hier thematisierte Andersartigkeit negativ bewertet wird, weshalb weiterhin von Behinderung gesprochen werden soll. Im Übrigen wird sich im zweiten Teil zeigen, dass die Begegnung mit einem Körperbehinderten zwangsläufig psychophysische Reaktionen auslöst, was als Beweis für die Stimulusqualität gewertet werden kann.

negativ bewertet wird, also in unerwünschter Weise von herrschenden Normen und Erwartungen abweicht.

Da hier jedoch die Rede von physischer Abweichung ist, muss beachtet werden, dass positive Abweichung in der körperlichen Ausstattung nicht existiert. Sieger eines Schönheitswettbewerbes erfüllen am ehesten die entsprechenden Normen, weshalb das Attribut normative Abweichung nicht in positiver Form verwendet werden kann.

Unerwünschte Abweichung allein konstituiert allerdings nicht automatisch eine negative Reaktion auf den Menschen. So stellt Cloerkes beispielsweise fest:

> „Blindheit wird [...] außerordentlich negativ bewertet, die soziale Reaktion auf blinde Menschen ist hingegen vergleichsweise moderat." (a.a.O. 1997, S. 7).

Dieser Überlegung soll im zweiten Teil explizit nachgegangen werden, indem Einstellungen zu Behinderung und Verhalten gegenüber Behinderten als Verkörperung dieser Normen analysiert werden.

4. Der Rollstuhl als offensichtliches Merkmal von Behinderung

Medizinisch diagnostizierbare Körperbehinderung umfasst zahlreiche Varianten, welche die WHO-Klassifikation ordnen will. Dabei kann Behinderung sichtbar sein oder vorerst unsichtbar. Erving Goffman spricht in diesem Zusammenhang von Stigmatisierten und Stigmatisierbaren, da unsichtbar Behinderte in der Interaktion mehr oder weniger ihre Behinderung verheimlichen können und selbst entscheiden, ob sie ihre Behinderung zum Thema machen.[14]

Diese Arbeit betrachtet soziale Reaktionen Nichtbehinderter auf Körperbehinderung, wobei unvermeidbare Sichtbarkeit der Behinderung in direkter Interaktion eine notwendige Komponente für die Festlegung auf eine Behinderungsform ist. Der Rollstuhl stellt ein offensichtliches Attribut für Körperbehinderung dar. Indem der Rollstuhlfahrer auf denselben für größtmögliche Selbständigkeit angewiesen ist, entspricht sein Erschei-

---

[14] In seiner Untersuchung räumt Goffman (1967) der Informationskontrolle einen zentralen Stellenwert ein, da in ihr die Techniken der Bewältigung beschädigter Identität ihre Möglichkeiten und Grenzen erfahren. Diskreditierbare können anders als Diskreditierte vielfältigere Mechanismen in der Stigma- Bewältigung anwenden. Indem ihr Stigma nicht sichtbar oder bekannt ist, ist ihnen die Möglichkeit gegeben, dieses zu verheimlichen oder den Zeitpunkt der Offenbarung selbst zu bestimmen, was wiederum für den Kontakt mit der sozialen Umwelt ebenso weitreichende Folgen hat wie für die persönliche Identität.

nungsbild offenkundig nicht der Normalität.[15] Des Weiteren steht der Rollstuhl anders als zum Beispiel eine Gesichtsentstellung synonym für Behinderungsformen, die alle drei WHO-Komponenten erfüllen. Die Störung auf der physischen Ebene bewirkt eine funktionale Behinderung auf der personalen Ebene in der Ausübung von Verhaltensweisen, die zum Repertoire des menschlichen Wesens gehören.

Indem der Rollstuhl ein offensichtliches Merkmal für Behinderung darstellt, erfüllt er die Bedingung aus Schönbergers Definition, die hier als Arbeitsgrundlage aufgeführt wurde: Der Rollstuhl verhindert die Übernahme erwarteter Verhaltensweisen und besitzt damit Stimulusqualität; das abweichende Verhalten erfährt also direkt oder indirekt eine soziale Reaktion.

Der Rollstuhl wird augenscheinlich zum Ausgleich endgültiger motorischer Schädigungen eingesetzt und entspricht damit der Bedeutung von Körperbehinderung in dem hier verwendeten Sinn, nämlich als funktionale Beeinträchtigung auf ausschließlich physischer Ebene, da weder psychische, noch Sinneseinschränkungen vorhanden sind.

Eine konkrete Festlegung auf eine Variante der Behinderungsformen, die auf einen Rollstuhl angewiesen sind, findet nicht statt, da die oben aufgeführten Aspekte die entscheidenden Bedingungen darstellen für eine eindeutige Argumentation. Des Weiteren ermöglicht ein weiter gefasstes Studienobjekt Interpretationen innerhalb der einzelnen reaktionsrelevanten

---

[15] Die Vielseitigkeit von Behinderungen erschwert nicht nur eine Begriffsbestimmung, sondern auch die Aufgabe, verlässliche Zahlen von behinderten Menschen festzustellen. Drei methodische Möglichkeiten bestehen, die Zahl der Behinderten zu erfassen: Über die ausgestellten Behindertenausweise kann die Zahl der amtlich registrierten Behinderten erfasst werden. Allerdings werden so nur Behinderte erfasst, die sich nach der WHO-Definition klassifizieren lassen. Eine andere Möglichkeit ist die Befragung von Haushalten, wobei hier die Schwierigkeit besteht, dass die Erhebung von der gesellschaftlichen Vorstellung von Behinderten abhängig ist. Eine dritte Möglichkeit neben der Zählung von Behinderten und der Volksbefragung ist die regionale Erhebung, die aufgrund von Maßnahmekonzepten vorgenommen wird. Von ihr ausgehend kann die Gesamtzahl der Behinderten geschätzt werden. Allerdings können so Doppelerhebungen nicht ausgeschlossen werden. Aufgrund des Schwerbehindertengesetzes wird seit 1979 alle zwei Jahre eine Bundesstatistik über die Behinderten mit amtlich anerkannter Schwerbehinderteneigenschaft geführt, wenn sie einen ,Grad der Behinderung' von mehr als fünfzig Prozent aufweisen. Da jedoch nicht alle Behinderten ihre Behinderung amtlich registrieren lassen, liegt vermutlich eine Unterschätzung der tatsächlichen Zahl der Behinderten vor. Nach der Erhebung von 1991 in den alten Bundesländern lebten in der BRD 5,4 Mio. amtlich anerkannte Behinderte mit gültigem Schwerbehindertenausweis. Der Anteil der Männer lag relativ gering über dem der Frauen (54 zu 46 Prozent), insgesamt waren 9,8 Prozent der Bevölkerung schwerbehindert (vgl. Bintig 1999, S. 491f.). Der Anteil von Personen, die Rollstühle ständig oder gelegentlich benutzen, wird auf etwa 0.3 bis 0.4 Prozent geschätzt (vgl. Hutzler 1986, S. 6).

Aspekte auf deren Bedeutung für verschiedene Behinderungsformen von Rollstuhlfahrern.

Das Angewiesensein auf einen Rollstuhl im hier gemeinten Sinne wird entsprechend des Gesetzes zur Minderung der Erwerbsfähigkeit als dauerhafte funktionale Beeinträchtigung verstanden.

5. Zur soziologischen Bedeutung von Devianz

Es sollte deutlich geworden sein, dass die Abweichung von der Norm das fundamentale Charakteristikum von Behinderung darstellt, da sie Stimulusqualität besitzt und damit soziale Reaktionen provoziert. Dabei, so wurde in der soziologischen Definition dargelegt, ist nicht die Abweichung von der jeweils herrschenden Körpernorm entscheidend, sondern die daraus resultierende Unfähigkeit zur Ausübung bestimmter erwarteter Verhaltensweisen. Da der behinderte Mensch sich also aufgrund seiner funktionalen Beeinträchtigung auf motorischer und Geschicklichkeitsebene anders verhält, als Menschen ohne motorische Beeinträchtigung, kann Körperbehinderung unter der Kategorie ‚abweichendes Verhalten' (Devianz) behandelt werden.[16]

In der Soziologie kann die Bedeutung einer Abweichung nicht ohne Fragen nach den Ursachen der Abweichung, nach Bewertung und Zuschreibung, formuliert werden. Daher soll im Folgenden im Hinblick auf den zweiten Teil ein Einblick in zwei soziologische Ansätze gegeben werden, welche die Entstehung abweichenden Verhaltens erklären.

Nach Bintig bestand in der ‚Soziale-Probleme-Forschung' eine zeitweilige Konkurrenz zwischen dem strukturellen und dem prozessualen Ansatz, die sich in einem so genannten ‚Paradigmenwechsel' hin zum prozessualen Ansatz aufgelöst hat. Körperbehinderung, die er diesem Forschungsgebiet zuordnet, war von der Diskussion weitgehend ausgenommen. Eine Erklärung dafür könnte in der Ausrichtung auf eine Verände-

---

[16] Hier muss darauf hingewiesen werden, dass Goffman unterscheidet zwischen Devianz und Stigma. Für ihn kann man auf jedes individuelle Mitglied, das nicht an den Normen festhält, als auf ein deviantes Bezug nehmen, und auf seine Eigenart als auf eine Deviation. Der Unterschied zwischen Stigma und Devianz liegt darin, dass beim Stigma-Prozess das Nichterfüllen von Normen im Zentrum steht und bei Devianz das Nichtakzeptieren von Normen (vgl. Klingmüller 1990, S. 127f.). Da Körperbehinderte aufgrund ihrer physischen Beschaffenheit Normen nicht erfüllen können, muss in diesem Zusammenhang eigentlich von Stigma gesprochen werden. Denn selbst bei körperlich bedingter Unfähigkeit, Normen zu erfüllen, können diese trotzdem anerkannt werden. Da jedoch in der gesichteten Literatur diesbezüglich kein Unterschied gemacht wird und Körperbehinderung mit dem Devianzansatz analysiert wird, soll dies hier übernommen werden und bei einem Verweis belassen werden.

rung gesellschaftlicher Verhältnisse liegen, die bereits zu Beginn der Beschäftigung mit diesem Thema bestand. Demnach galt der prozessuale oder interaktionistische Ansatz von Beginn an als der fruchtbarere und wird heute überwiegend als theoretische Grundlage für die mikrosoziologische Analyse der Bedeutung von Körperbehinderung herangezogen.[17]

Devianzanalyse unter Berücksichtigung des ‚prozessualen Ansatzes'

„Minds and selves arise in a process of social interaction."[18] Diese grundlegende Feststellung von George Herbert Mead bildet die Basis für ein interaktionistisches Verständnis von Devianz.

Dem prozesshaften Charakter menschlichen Verhaltens und sozialen Geschehens entsprechend, wird Abweichung als dynamischer Prozess verstanden. Devianz liegt vor, wenn Menschen Verhalten als abweichend registrieren und darauf reagieren. Damit ist Devianz im Wesentlichen das Resultat sozialer Reaktionen. Im Mittelpunkt des Interesses steht also die Frage, wie die anderen den Abweichenden wahrnehmen.

Die symbolische Umwelt umgibt den Menschen und reizt ihn ebenso wie die natürliche Umwelt zum Handeln. Sie besteht aus so genannten sozialen Objekten, also Gegenständen, Personen oder Verhaltensweisen. Indem der Mensch Symbole, die ihn umgeben, interpretiert, erhalten diese soziale Bedeutungen, werden zu sozialen Objekten. Sozialisation beinhaltet ein Lernen von Anziehung oder Abstoßung für diese Bedeutungen, was als Wert eines Symbols bezeichnet wird und einen handlungsleitenden Impuls darstellt.

Situationen müssen von den Akteuren definiert werden, denn erst durch diese Zuschreibung einer Bedeutung, also durch aktive Einflussnahme, entsteht soziale Wirklichkeit. Das bedeutet, dass Menschen sich gegenseitig und auch sich selbst ständig neu einordnen, sobald sie miteinander in soziale Beziehung treten. Damit bestimmt sich letztlich die soziale Interaktion sowie die Identität einer Person aus solchen Etikettierungen. Denn indem das Individuum anderen Menschen Interpretationen in bezug auf das eigene Selbst zuschreibt, entsteht Identität.

---

[17] Bintig resümiert: „Fest steht jedoch, daß kein Autor, der heute über theoretische Ansätze in diesem Bereich schreibt, umhin kommt, sich mit symbolisch-interaktionistischen Ansätzen zu befassen."(Bintig 1999, S. 495). Cloerkes scheint ebenfalls den prozessualen Ansatz zu bevorzugen, denn in seinem Lehrbuch erfahren interaktionistische Arbeiten weit mehr Beachtung als Publikationen zum strukturellen Ansatz. Obendrein bezieht er Stellung, indem er das Identitätsmodell von Frey als nach seinem Verständnis überzeugendes intensiv beleuchtet (vgl. Cloerkes 1997, S. 152).
[18] vgl. Rose 1967, S. 266. Diese Übersicht dient als Basis für die Zusammenfassung der behindertensoziologisch relevanten Aspekte.

Dementsprechend findet die Theorie des ‚Symbolischen Interaktionismus' in der Behindertensoziologie in zwei Perspektiven Anwendung: Zum einen als Grundlage für eine Analyse von Interaktionen, also Begegnungen von Behinderten und Nichtbehinderten. Dabei ist von Interesse, welche Bedeutung der offensichtlichen Tatsache der Körperbehinderung von Nichtbehinderten beigemessen wird und welche Reaktionen sich daraus ergeben. Zum anderen als Basis für eine Analyse der Identitätsbildung Körperbehinderter als einen Prozess der Orientierung an sozialen Reaktionen ‚signifikanter Anderer'.

Nicht berücksichtigt bleiben dabei gesamtgesellschaftliche Systembedingungen sowie der normative Aspekt, der ja Hauptmerkmal von Abweichung darstellt.

Devianzanalyse unter Berücksichtigung des ‚strukturellen Ansatzes'

In funktionalistischer Perspektive wird von der Grundannahme ausgegangen, dass die Gesellschaft aus verschiedenen, miteinander interagierenden Strukturen oder Teilsystemen besteht, die unterschiedliche Beiträge für Funktion beziehungsweise Erhalt des gesellschaftlichen Systems erfüllen.[19] Soziale Phänomene werden im Hinblick auf ihre Funktion oder Konsequenzen für die Bestandserhaltung des jeweiligen Teil- oder des Gesamtsystems analysiert.

In Abgrenzung zur interaktionistischen Perspektive erhebt die strukturfunktionalistische Theorie den Anspruch, soziale Probleme als Funktionsprobleme sozialer Systeme objektiv und wertfrei bestimmen zu können. So wird angenommen, dass normative Abweichung zweifelsfrei objektiv festgestellt werden kann, da ebenso die Normen objektiv fassbar sind. Die Spannungen zwischen dem gesellschaftlichen Normensystem und dem konkreten Handeln des Individuums stellen den zentralen Untersuchungsgegenstand des strukturellen Ansatzes dar.

Dieser Dualismus von Gesellschaft und Individuum wird auch vom Anomie-Konzept thematisiert.[20] ‚Anomie' meint einen Zustand sozialer

---

[19] Der folgende Abriss des strukturfunktionalistischen Ansatzes stellt eine Zusammenfassung dar von Bintig 1999, S. 495f; Cloerkes 1997, S. 137; Groenemeyer 1999, S. 36ff.

[20] Erstmals hat sich Emile Durkheim mit ‚Anomie' beschäftigt, indem er zur Erfassung von ‚Normalität' die allgemeine Verbreitung als Normalitätskriterium vorschlägt. Demnach wird die durchschnittliche Häufigkeit durch Beobachtung konstatiert und die historische Bedingungskonstellation für deren Allgemeinheit eruiert. In einem Vergleich von Vergangenheit und Gegenwart wird anschließend festgestellt, ob die ursprünglichen Bedingungen noch gegeben sind. Ist dem so, ist das fragliche Phänomen normal, wenn nicht, ist es ‚pathologisch'. Nach dieser Definition ist zum Beispiel nicht die Körperbe-

Desintegration, der allgemeine Normlosigkeit und abweichendes Verhalten zur Folge haben kann. Robert K. Merton sieht dieses abweichende Verhalten in der Sozialstruktur ursächlich verankert, da die Mittel zur Erreichung verhaltensleitender Wünsche und Erwartungen unter den Menschen ungleich verteilt, beziehungsweise normativ beschränkt sind. Dieses abweichende Verhalten wird mit verschiedenen Anpassungsmechanismen konfrontiert, die den Erhalt des jeweiligen Systems regulieren. Entscheidend bei diesem Ansatz ist, dass Devianz aus den Bedingungen abgeleitet wird, die in der sozialen Struktur einer Gesellschaft zu suchen sind. Damit ist die gesamte Gesellschaft das Bezugssystem für eine Analyse abweichenden Verhaltens.

Talcott Parsons' Krankenrolle kann als ein Beispiel für die Anwendung dieses Konzeptes herangezogen werden. Nach einer Einschätzung von Bintig wurden jedoch nur wenig Versuche unternommen, dieses Konzept konkret auf Behinderung anzuwenden.[21]

Wichtige Fragen in der Anomie-Theorie werden für die Anwendung auf Körperbehinderung ausgeklammert. So fehlt eine Definition von Abweichung sowie eine Antwort auf die Bedeutung des Normbildungsprozesses. Verhaltensleitende Normen und Werte werden nicht hinterfragt, sondern als gültig für das jeweilige Gesellschaftssystem angenommen. Weiterhin muss bei einer Anwendung auf die Analyse von Devianz die Relativität von Normen und Normverletzung mit berücksichtigt werden, was dieser Ansatz nicht leistet.

Ein Vergleich des prozessualen und des strukturellen Ansatzes im Hinblick auf soziale Reaktionen

Es wird sich zeigen, dass tatsächliches Verhalten Nichtbehinderter gegenüber Körperbehinderten von den jeweiligen Situationsbedingungen beeinflusst wird, während Einstellungen eher als Konstanten gewertet werden können.

Im Rahmen der Theorie des Symbolischen Interaktionismus muss die Existenz statischer Variablen, die Annahme von Einstellungen als konstante Reaktionsbereitschaft angezweifelt werden. Eine interaktionistische Betrachtung kann nicht von Faktoren ausgehen, die auf das soziale Handeln

---

hinderung an sich pathologisch, sondern eine bestimmte Rate, etwa ein starker Anstieg oder eine Variation (vgl. Müller 2000, S. 150).

[21] Bintig verweist auf Keupp als den einzigen ihm bekannten Versuch einer Nutzbarmachung des Anomie-Konzeptes im Bereich Behinderung. Keupp hat in einem Theorievergleich auch die Anomietheorie für die Erklärung psychischer Störungen herangezogen. (vgl. Bintig 1999, S. 495).

einwirken und dieses bestimmen, sondern muss sich mit der Prämisse auseinandersetzen, dass der Handelnde die Situation aktiv interpretiert und
sein Handeln an dieser Interpretation ausrichtet. Eine Analyse der Bedeutung von Einstellungen für tatsächliches Tun wird damit überflüssig.

Dagegen gehalten werden kann jedoch, dass mit der Vermutung eines
Zusammenhangs von Einstellungen und Verhalten der grundsätzliche Prozesscharakter menschlichen Verhaltens und sozialer Einstellungen nicht
bestritten wird.

Für den strukturellen Ansatz stellen die Spannungen zwischen dem gesellschaftlichen Normensystem und dem konkreten Handeln des Individuums den zentralen Untersuchungsgegenstand dar, weshalb dieser den
Rahmen bilden könnte für eine soziologische Analyse des Verhältnisses
von Einstellungen und Verhalten. Da aus der Perspektive des strukturellen
Ansatzes jedoch angenommen wird, dass Normen – und damit im übertra-
genen Sinn auch Einstellungen – objektiv fassbar sind, besitzt auch diese
Theorie ihre Grenzen in der Anwendbarkeit auf die hier vorgenommene
Argumentationsweise. Denn Einstellungen können nicht im Sinne von objektiv ermittelten Informationen betrachtet werden. Es wird sich heraus-
stellen, dass erstens selbst bei einem Vergleich von über vierhundert Un-
tersuchungen, wie ihn Cloerkes vorgenommen hat, keine eindeutige
Einstellungsstruktur feststellbar ist. Zweitens müssen bezüglich der
Erhebung von Daten soziologische Bedenken bestehen ob deren
Stichhaltigkeit und Originalität, wenn man sich die Wahrscheinlichkeit
vergegenwärtigt, dass die erfassten Einstellungen gegenüber Behinderten
wegen des Drucks in Richtung auf sozial erwünschte öffentliche
Verbalisierungen positiver sind als das Verhalten in einer realen Situation.

TEIL II: Körperbehinderte als soziales Problem: Die Struktur sozialer Reaktionen

Unter der Kategorie ,Soziales Problem' werden in der Soziologie gesellschaftliche Erscheinungen erfasst, denen eine Diskrepanz zwischen sozialen Standards und den tatsächlichen Abläufen zugrunde liegt.[22] Bezüglich Körperbehinderung kann dies zweierlei bedeuten: Zum einen kann die abweichende physische Erscheinung sowie das daraus resultierende abweichende Verhalten als diskrepant zu gewohnten Alltagserscheinungen erlebt und damit als soziales Problem registriert werden; zum anderen kann der Terminus soziales Problem auf Körperbehinderung angewandt werden, weil der tatsächliche Ablauf sozialer Reaktionen auf Körperbehinderung nicht den sozialen Standards entspricht, die informell in den Wertvorstellungen der Einzelnen und institutionell in den Grundrechten verankert sind.

---

[22] Groenemeyer (1999, S. 13ff) beschreibt in einem einleitenden Diskurs zum Handbuch sozialer Probleme zentrale Bausteine einer Theorie sozialer Probleme. In einer Gegenüberstellung entsprechender Publikationen arbeitet er drei Ansätze heraus, die für eine soziologische Begriffsdefinition verwendet werden können. Zum einen stellt ein soziales Phänomen dann ein soziales Problem dar, wenn die Gesellschaft dasselbe als solches definiert. Die soziale Situation, die Lebensbedingungen oder die Handlungsmuster sind dabei nicht explizit berücksichtigt. So kann ein historisches Phänomen rückblickend als soziales Problem aufgefasst werden, auch wenn es innerhalb seines historischen Kontextes keine gesellschaftliche Aufmerksamkeit erfahren hat. Bei dieser Bestimmung stehen also die Bedingungen der Wahrnehmung, Interpretation und Evaluation gesellschaftlicher Sachverhalte im Vordergrund. Dem schließt sich die zweite Herangehensweise an, die den Hauptaspekt der Begriffsbestimmung ebenfalls in der kollektiven Definition verankert sieht. Soziale Bedingungen werden hier jedoch als Konstruktionen aufgefasst, die sich aus den Zuschreibungen durch die Gesellschaftsmitglieder formen. Damit werden soziale Probleme erst in Prozessen kollektiven Verhaltens als Gegebenheiten geschaffen. Der dritte Ansatz thematisiert ein methodologisches Problem, indem er ein soziales Problem erst als solches definiert, wenn in der Gesellschaft die Vorstellung einer gesellschaftlichen Veränderbarkeit dieser Zustände verbreitet ist. Solange beispielsweise Lebensbedingungen und das Verhalten als Akte einer höheren Macht oder der Natur angesehen werden, ist eine Veränderung derselben durch Handeln ausgeschlossen, können sie nicht als soziales Problem bezeichnet werden. Festzuhalten ist also, dass soziale Probleme nicht per se existieren, sondern kollektiv als Diskrepanz zwischen Wertvorstellungen oder sozialen Standards und der Realität registriert werden müssen.

Der folgende Abschnitt wird idealtypische Verhaltensformen gegenüber Körperbehinderten aufzeigen und bestehenden Einstellungen von Nichtbehinderten gegenüber setzen. Ziel ist die Ermittlung einer Struktur sozialer Reaktionen, die der Kategorie ‚Soziales Problem' zugeordnet werden kann.

Beobachtbare Erscheinungen als solche haben keine Qualität als ‚Problem', sondern sind von der Wahrnehmung von Gesellschaftsmitgliedern abhängig. Da Körperbehinderte in der Interaktion mit Nichtbehinderten häufig keine oder nur scheinbare Akzeptanz erfahren, definieren die von Körperbehinderung provozierten sozialen Reaktionen dieselbe als ‚Soziales Problem'.

Soziale Reaktion meint die Gesamtheit der Einstellungen und Verhaltensweisen auf der Ebene der zwischenmenschlichen Interaktionen. Theoretisch schließt dies institutionelle und sozialpolitische Reaktionen im Sinne von Definitionsverfahren und Rehabilitationsmaßnahmen mit ein. Mehrere Autoren messen jedoch vorinstitutionellen Definitionsprozessen und ihren Folgen größere Bedeutung zu als offiziellen Definitionen durch Mediziner, Sozialpolitiker oder Pädagogen. Gove stellt beispielsweise fest, dass die Reaktionen der unmittelbaren Umwelt eines offenkundig physisch Geschädigten von institutionell vorgenommenen Definitionen unabhängig verläuft (vgl. Gove 1976, S. 65; so auch Cloerkes 1980, S. 68).

Die Reaktionen der Alltagsumwelt eines Behinderten sind für diese Arbeit von besonderem Interesse, denn soziale Positionierung ist hier zu verstehen als die Definitionsprozesse, die angesichts eines überraschenden, unerwarteten Merkmals eines Interaktionspartners ablaufen und so in der direkten Interaktion wirksam werden.

Damit ist auf eine weitere Einschränkung verwiesen, die für eine konkrete Betrachtung notwendig ist: Von Interesse sind hier ausschließlich die unmittelbaren – direkten oder indirekten – Reaktionen auf einen Interaktionspartner, dessen körperliche Abweichung sich unerwartet und überraschend aufdrängt.

Die gesellschaftlichen Vorstellungen von Körperbehinderung sind höchst weitreichend und uneindeutig.[23] Auf eine Betrachtung gesellschaftlicher Definitionen von Körperbehinderung wurde bei der Begriffsbestim-

---

[23] Jansen (1976, S. 45ff) hat in seiner Studie ermittelt, inwieweit die Befragten dem Begriff Körperbehinderung eine eindeutige Zuordnung geben können. Es ergab sich, dass bei einer Aufzählung von körperlichen Schädigungen ebenfalls Krankheiten als Körperbehinderung bezeichnet wurden. Weiterhin fragte Jansen die Nichtbehinderten nach Arten und Ursachen geistiger Behinderungen. Die Antworten zeigten, dass Körperbehinderungen ebenfalls als geistige Behinderungen eingestuft wurden; Epilepsie wurde beispielsweise mehrfach als geistige Behinderung genannt, ebenso Taubstummheit oder Spasmen.

mung jedoch aus zwei Gründen verzichtet: Zum einen beschäftigt sich das vorliegende Buch speziell mit sozialen Reaktionen auf den Rollstuhl als offensichtliches Merkmal von Behinderung; zum anderen drückt sich diese Bedeutungszuschreibung direkt in den sozialen Reaktionen aus, wird also noch Thema dieser Argumentation sein.

In der Beschäftigung mit sozialen Reaktionen wird ausschließlich Literatur verwendet, die bereits eine Auswertung von empirischem Material darstellt. In einer Gegenüberstellung sollen zentrale Aspekte verglichen und strukturiert dargestellt werden, um eine Grundlage zu schaffen, die explizit auf den Rollstuhlfahrer übertragen werden soll. Untersuchungen speziell zu sozialen Reaktionen auf Rollstuhlfahrer konnten nicht ausfindig gemacht werden. Daher sollen generalisierte Ergebnisse zu Einstellungen und Verhalten gegenüber Körperbehinderten als allgemeine Basis dienen, auf der eine Interpretation vorgenommen werden kann.

1. Theoretische Grundlagen: Begriffsbestimmungen

Zur Kennzeichnung sozialer Reaktionen auf physisch abweichende Personen bieten sich verschiedene Begriffe an, die jeweils andere Aspekte betonen. Daher wird in der Sozialpsychologie explizit unterschieden zwischen Einstellungen, Vorurteilen, Stereotypen, Meinungen und Überzeugungen. Auch die Soziologie nimmt klare begriffliche Trennungen vor, so zum Beispiel zwischen Verhalten und Handeln.

Diese Aspekte sozialer Reaktionen sollen in zwei Dimensionen zusammengefasst betrachtet werden: Die Einstellungsdimension als Beziehung eines Individuums zu einem sozialen Objekt und die Verhaltensdimension als Überbegriff für jede direkte und indirekte Reaktion auf ein soziales Objekt.

Hier ist das direkte und indirekte Verhalten in einer unerwarteten Begegnung mit einem Körperbehinderten von zentralem Interesse. Die Einstellungsdimension kann dabei nicht unberücksichtigt bleiben, denn gerade in der Gegenüberstellung wird ein Einblick in die Struktur sozialer Reaktionen möglich. Es wird sich herausstellen, dass ein Zusammenhang von Einstellung und Verhalten, wie er in zahlreichen Abhandlungen sowohl im Konsens als auch in der Kritik thematisiert wird, in der Betrachtung sozialer Reaktion auf physische Abweichung angezweifelt werden muss. Jedoch gerade die Diskrepanz zwischen Einstellung und Verhalten macht eine soziologische Interpretation spannend. Es soll hier bereits darauf verwiesen werden, dass bei der Interpretation der Einstellungen gegenüber Körperbehinderten berücksichtigt werden muss, dass sich die Aussagen verstärkt an offiziell erwünschten Einstellungen orientieren, da Schuldzuweisungen und Ausgrenzung aus moralisch-rechtlichen Gründen gesellschaftlich sanktioniert werden.[24] Tatsächliches Verhalten ist als Untersuchungsgegenstand weit komplexer und daher insgesamt widersprüchlich insofern, dass eine eindeutige Tendenz in Richtung positive oder negative Reaktionen nicht auszumachen ist. Verhalten steht einerseits in enger Verbindung zu Sozialisationsvariablen, die Behinderte als Abweichler von hochbewerteten gesellschaftlichen Standards qualifizieren. Andererseits geben soziale Normen klare Handlungsanweisungen durch Interpretation von Werten, die das menschliche Zusammenleben regeln. Diese widersprüchlichen Normen erzeugen unterschiedliche Formen von Verhalten, die im Folgenden aufgezeigt werden. Dabei werden weitere Einflussfaktoren wie beispielsweise die Situationsgebundenheit des Verhaltens mit einbezogen.

Angesichts der vielfältigen Formen sozialer Interaktion sowie der großen Bandbreite unterschiedlicher Begriffe soll im Folgenden eine Begriffsdefinition vorgenommen werden, um den Ausschnitt sozialer Kontakte zwischen Behinderten und Nichtbehinderten im Alltag zu verdeutlichen, der im Rahmen dieser Arbeit aufgegriffen wird. Die Bandbreite möglicher sozialer Interaktionen erstreckt sich zwischen Behinderten und Nichtbehinderten von unpersönlichen und zufälligen Begegnungen bis zu Interaktionen zwischen engen Freunden, zwischen Familienmitgliedern oder Ehepartnern. Während ein nur kurzzeitiges und in weitgehend standardisierter Form ablaufendes Aufeinandertreffen, wie beispielsweise flüchtige Begegnungen im Bus oder auf der Straße, minimale persönliche Beteiligung erfordert und nicht auf zukünftige Kontakte ausgerichtet ist, findet sich in persönlichen, intimen Beziehungen die größte Verbindlichkeit. Diese ergibt sich aus gemeinsamen Erfahrungen und der Erwartung gemeinsamer zukünftiger Interaktionen.

---

[24] Einen Hinweis auf die Orientierung an gesellschaftlicher Erwünschtheit bietet die Diskrepanz zwischen Einstellungen gegenüber Körperbehinderung an sich und Einstellungen gegenüber den von dieser Schädigung betroffenen Menschen. Körperbehinderungen an sich werden äußerst negativ bewertet, während die Einstellungen zu Menschen mit Körperbehinderungen keine eindeutige Tendenz aufweisen, sondern sowohl negative, als auch positive Einstellungen ermittelt wurden. Für diesen Teil der Arbeit sind die Einstellungen gegenüber körperbehinderten Menschen von Interesse, da diese direkt als Komponente sozialer Reaktion zu verstehen sind, indem sie sich auf den generalisierten körperbehinderten Menschen beziehen, dieser also ein soziales Einstellungsobjekt gemäß der Definition darstellt. Eine Beschäftigung mit Einstellungen gegenüber Körperbehinderung erfordert eine Interpretation hinsichtlich dahinter stehender Normen- und Wertvorstellungen. Diese Dimension kann als Erklärung für Einstellungen gegenüber körperbehinderten Menschen herangezogen werden und soll daher erst im dritten Teil als weitere Ebene sozialer Positionierung thematisiert werden.

Für diese Arbeit sind erstmalige Begegnungen zwischen einander unbekannten Personen interessant. Die Rahmenbedingungen der Interaktion erfordern ein gewisses Maß an persönlicher Beteiligung, beziehungsweise Zuwendung und aufgrund der Dauer der Interaktion und des Grades gegenseitiger Zuwendung kann sich ein erster Eindruck vom Partner bilden, der über äußere Merkmale hinaus geht. Ein gegenseitiges Kennen lernen und ein Anknüpfen eines eventuell längerfristigen Kontaktes ist möglich. Beispiele für diesen Ausschnitt sozialer Interaktionen sind Begegnungen zwischen Behinderten und Nichtbehinderten anlässlich einer Festivität, ein erstmaliges Treffen am Arbeitsplatz oder in der Schule, Gespräche, die sich in Lokalen oder im Zugabteil ergeben und viele ähnliche Situationen.[25]

Begriffsdefinition von ‚Einstellung'

Der Begriff ‚Einstellung' meint eine durch vorausgegangene Lernprozesse selektive Ausrichtung des Denkens und Verhaltens, die sich im Zusammenwirken eines stabilen Bewertungssystems, gefühlsmäßiger Haltungen und dementsprechender Handlungstendenzen in bezug auf ein soziales Objekt manifestiert.

Das Lexikon zur Soziologie unterscheidet drei Dimensionen (vgl. Lexikon zur Soziologie1995, S.160f.):

Die kognitive oder Wissenskomponente verweist auf Vorstellungen, Überzeugungen und Wissen des Individuums gegenüber einem Einstellungsobjekt, die sich in einer Bewertung ausdrücken und eine spezifische Wahrnehmung bewirken können.

---

[25] Bei der Eingrenzung der hier interessanten Interaktionen orientiert sich die Verfasserin an Tröster (1988; 1990), dessen Publikationen zu Einstellung und Verhalten Nichtbehinderter die Grundlage des zweiten Teils darstellen. Die Auswertungen von Tröster sind generalisierte Aussagen über soziale Interaktionen zwischen Körperbehinderten und Nichtbehinderten und können daher als idealtypische Kategorisierung im Sinne von Weber verstanden werden. Die im Folgenden beschriebenen sozialen Reaktionsformen können kein Abbild der Realität darstellen, sondern nur als durch Fragebögen und Beobachtungen ermitteltes Muster, als ein „als typisch behaupteter Hergang sozialen Handelns" verstanden werden (Weber 1984, S. 28).
Tröster bildet ebenfalls deshalb die Basis für den zweiten Teil dieser Arbeit, da die von ihm ausgewerteten Erhebungen häufig mit Versuchspersonen gearbeitet haben, die Körperbehinderung durch einen Rollstuhl simulieren. Damit ist seine Arbeit ideale Grundlage für die Interpretation der Aussagen bezüglich sozialer Reaktionen auf Rollstuhlfahrer.

Die primär erlebensbezogene, affektive Komponente betont die Gefühle und subjektiven Bewertungen des Individuums gegenüber einem Einstellungsobjekt, welche sich als Zuneigungen oder Abneigungen äußern. Die konative oder Handlungskomponente erfasst die Verhaltensintentionen oder Handlungstendenzen des Individuums gegenüber einem Einstellungsobjekt.

Die Einstellung gegenüber Körperbehinderten wird hier als eine dauerhafte, über verschiedene Situationen und Zeitpunkte hinweg stabile Disposition betrachtet, auf körperbehinderte Personen mit bestimmten, positiven oder negativen Vorstellungen und Gefühlen zu reagieren, vorteilhafte oder unvorteilhafte Meinungen über Körperbehinderte zu vertreten.

Cloerkes schreibt ebenso wie die meisten der hier zur Kenntnis genommenen Autoren bezüglich Einstellungen gegenüber Behinderten dem affektiven Teilelement eine tragende Bedeutung zu (vgl. Cloerkes 1997, S. 77). Die kognitive Komponente gewinnt bezüglich Körperbehinderung dann an Bedeutung, wenn die Körperbehinderung nicht sichtbar ist. Anders als ein Rollstuhlfahrer kann ein Körperbehinderter mit Diabetes den Zeitpunkt der Thematisierung seiner Behinderung selbst wählen und damit steuern, wann sein Gegenüber für eine solche Offenbarung bereit ist.[26] Bei seiner international vergleichenden Betrachtung empirischer Untersuchungen kommt Cloerkes zu der Erkenntnis, dass in Konsequenz zur Bedeutung der Gefühlsebene häufig eine eindimensionale Definition des Einstellungsbegriffs nur auf die affektive Komponente vorgenommen wird (vgl. Cloerkes 1980, S. 17). Bei der Betrachtung der Untersuchungsergebnisse wird deutlich werden, inwieweit Einstellungen gegenüber Körperbehinderten sich auf die affektive Ebene beziehen.

Begriffsdefinition von ‚Verhalten'

Nach Weber kann soziales Handeln sinnhaft „orientiert werden am vergangenen, gegenwärtigen oder für künftig erwarteten Verhalten anderer [...]" (vgl. Weber 1984, S. 41). Bezüglich tatsächlichem Tun gegenüber Körperbehinderten wird sich jedoch zeigen, dass soziale Reaktion im Sinne von realen Handlungsabläufen nicht ausschließlich von einem subjektiv gemeinten Sinn geleitet sind.

---

[26] Goffman bezeichnet diesen Mechanismus als ‚Stigma-Management'. Entscheidend dabei ist, dass der Nichtbehinderte auf die Körperbehinderung vorbereitet werden kann und somit keine unerwartete Konfrontation stattfindet, die affektuelle Reaktionen auslösen kann. Die Informationen, die der Körperbehinderte über seine Behinderung bekannt gibt, werden daher eher kognitiv verarbeitet (vgl. Tröster 1990, S. 33).

Weber selbst weist darauf hin, dass soziales Handeln ‚affektuell' bestimmt sein kann: „Das streng affektuelle Sichverhalten steht [...] an der Grenze und oft jenseits dessen, was bewusst ‚sinnhaft' orientiert ist; es kann hemmungsloses Reagieren auf einen außeralltäglichen Reiz sein." (a.a.O., S. 44).

Wie bereits festgestellt, werden zur Bezeichnung sozialer Reaktionen im Einzelnen eine ganze Reihe verschiedener Begriffe verwendet. Mit der Festlegung auf die Einstellungs- sowie die Verhaltensdimension in der sozialen Reaktion auf physisch Abweichende sollen zwei wichtige Ebenen menschlicher Interaktion erfasst werden.

Die Verwendung des Begriffes ‚Verhalten' in dieser Arbeit orientiert sich an anderen einschlägigen Publikationen.[27] Da hier unterschiedliche Verhaltensaspekte Nichtbehinderter gegenüber Körperbehinderten thematisiert werden, ist der Begriff Verhalten dem des Handelns vorzuziehen. Denn das Spektrum der miteinbezogenen sozialen Reaktionen reicht von psychophysischen Reaktionen während des Kontaktes mit Behinderten über nonverbales, indirektes Verhalten oder Tendenzen zu Interaktionsvermeidung bis zu konkreten sozialen Reaktionen in Form von Äußerungen oder Handlungen. Bezüglich sozialer Reaktion Nichtbehinderter auf Körperbehinderte scheint der Begriff ‚Handeln' im Sinne von Weber hier nur als ein Teilelement tatsächlicher Reaktionen.

Determinanten sozialer Reaktionen auf Körperbehinderte

Die Definition der WHO klassifiziert bekannte Behinderungen, indem sie nach den Kategorien ‚Impairment', ‚Disability' und ‚Handicap' differenziert und diese jeder Form von Behinderung unterstellt. Jedoch ungeachtet dessen, dass beispielsweise bei geistig Behinderten, bei Körperbehinderten oder Alkoholikern Schädigungen sowie Funktions- und Aktivitätseinschränkungen vorliegen, unterscheiden sie sich hinsichtlich der Kategorie ‚Handicap' (vgl. Tröster 1990, S. 24f).

Soziale Reaktionen – als eine Komponente sozialer Benachteiligung – bestehen in unterschiedlichen Formen, indem sie durch verschiedene Determinanten beeinflusst werden. Daher kann nicht von einer allgemeinen sozialen Reaktion Nichtbehinderter gegenüber jedem Behinderten, die unabhängig von der Behinderungsform generalisiert besteht, gesprochen werden.

---

[27] vgl. Cloerkes 1980, Tröster 1990, u.a.m. Die Verfasserin möchte in diesem Zusammenhang kritisieren, dass in den gesichteten Publikationen weder eine soziologische Begründung für die Verwendung von Verhalten zu finden ist, noch eine begriffliche Unterscheidung zwischen Handeln und Verhalten vorgenommen wird.

Diese Einflussfaktoren sollen aufgezeigt werden, wobei unterschieden wird zwischen Einstellungsdeterminanten und Verhaltensdeterminanten. Denn da Einstellungen als dauerhafte, über verschiedene Situationen und Zeitpunkte hinweg stabile Disposition verstanden werden, beziehen sich einstellungsrelevante Faktoren überwiegend auf den Einstellungsträger. Verhalten ist dagegen situationsgebunden, weshalb sich verhaltensrelevante Aspekte stärker auf den konkreten, behinderten Interaktionspartner beziehen. Es erscheint daher sinnvoll, die Einflussfaktoren jeweils im Zusammenhang mit dem Ausschnitt sozialer Reaktionen aufzuzeigen, auf den sie wirken.

Zur Problematik der Einstellungs-Verhaltens-Konsistenz: Methodische Konsequenzen

Mehrere der gesichteten Autoren bezeichnen die Methoden zur Erfassung sozialer Reaktionen als problematisch. Ein zentrales Problem liegt in der Erhebung von Verhaltensweisen. Da Verhalten in natürlichen Situationen empirisch nur schwer zugänglich ist, wurde dieses in zahlreichen Untersuchungen aufgrund von erhobenen Einstellungswerten interpretiert. Cloerkes registriert mehrere Hundert solcher Studien, wobei dieses Verfahren im Zeitraum zwischen 1960 und 1980 seinen Höhepunkt fand (vgl. Cloerkes 1997, S. 83).

Will man jedoch aufgrund der Kenntnis von Einstellungen Vorhersagen bezüglich Verhalten treffen, muss ein Zusammenhang zwischen Einstellungen gegenüber Behinderten und den offenen Verhaltensweisen nachweisbar sein. Personen mit negativen Einstellungen gegenüber Behinderten müssten folglich zu einem ablehnenden und diskriminierenden Verhalten gegenüber behinderten Personen neigen und versuchen, den Kontakt zu ihnen zu vermeiden. Personen mit positiven Einstellungen sollten dementsprechend in zugewandter und freundlicher Weise auf behinderte Menschen reagieren. Eine solche Interpretation ist jedoch äußerst problematisch. So schreibt Benninghaus:

> „ [Diese] Annahme der Einstellungs-Verhaltens-Konsistenz spiegelt im Grunde nichts anderes wider als die antike Vorstellung, daß das Denken und Empfinden des autonomen Individuums dem Handeln vorausgeht und es verursacht." (Benninghaus 1973, S. 691).

Mittlerweile liegen zahlreiche empirische Untersuchungen vor, in denen der Frage des Zusammenhangs zwischen Einstellungen und Verhalten nachgegangen wurde und die eine Kovarianz insgesamt fragwürdig erscheinen lassen (vgl. Tröster 1988, S. 22). Es wurde ersichtlich, dass „eine Vielzahl von Variablen auf das aktuelle Handeln einwirkt, von denen die Einstellung nur eine ist – die Bedeutung ist abhängig von den jeweiligen Situationsbedingungen und ist empirisch zu bestimmen." (Meinefeld, zit. nach Cloerkes 1980, S. 144).

Die Analyse von Einstellungen wird deutlich machen, dass sich verbale Aussagen über Körperbehinderte tendenziell an sozialer Erwünschtheit orientieren und daher nur unter Berücksichtigung dieses Einflusses interpretiert werden können. Ein Rückschluss auf entsprechendes Verhalten würde implizieren, dass sich Verhalten ebenso an sozialer Erwünschtheit orientiert. Dies kann generell jedoch nicht bestätigt werden, da Verhalten stark situationsgebunden ist und daher eine Analyse von Verhaltensweisen nur unter Berücksichtigung des situativen Kontextes möglich ist.[28] Da die Diskriminierung behinderter Menschen durch soziale Normen sanktioniert wird und stattdessen ein aufgeschlossenes und zuvorkommendes Verhalten gefordert wird, ist anzunehmen, dass negative Verhaltensweisen vornehmlich in Situationen zum Ausdruck kommen, in denen die Verletzung sozialer Normen nicht oder weniger offensichtlich wird.

Einstellungen und Verhalten sind also als zwei Komponenten sozialer Reaktionen aufzufassen, die es jeweils separat zu erfassen gilt. Im Gegensatz zum Verhalten sind Einstellungen keine beobachtbaren Phänomene, sondern gedankliche Konstrukte, weshalb jeweils andere Erhebungsmethoden notwendig werden. Um dies zu verdeutlichen, sollen in den entsprechenden Abschnitten zur Einstellungs- und Verhaltensdimension übliche Verfahren zur Ermittlung sozialer Reaktionen aufgezeigt werden.

2. Zur Einstellungsdimension gegenüber Körperbehinderten

Eine vergleichende Durchsicht der herangezogenen Literatur zur Einstellungsdimension führt zur Übereinstimmung mit Cloerkes, welcher festhält:

> „[D]ie Einstellungen der Nichtbehinderten werden zum Teil als generell negativ, z.T. als recht positiv beschrieben [...]. Von klaren Aussagen über die Qualität der Einstellungen gegenüber Behinderten sind wir trotz erheblichen Forschungsaufwands nach wie vor weit entfernt. Ob man nun lernt, dass die Einstellungen der Nichtbehinderten extrem negativ sind oder auch, daß es damit gar nicht so schlimm sei, hängt überdies oft davon ab, welches Buch man gerade aufschlägt."[29]

---

[28] Cloerkes weist darauf hin, dass mehrere Autoren in Konsequenz zu der Erkenntnis, dass erfasste Einstellungen keine Rückschlussmöglichkeit auf Verhalten bieten und die Authentizität der erfassten Einstellungen angezweifelt werden muss , das Einstellungskonzept als insgesamt fragwürdig und wenig wissenschaftlich bewerten (vgl. Cloerkes 1980, S. 395).

[29] Cloerkes 1980, S. 160. Cloerkes kommt in seiner vergleichenden Untersuchung zu dem Schluss, dass Untersuchungen, die über die Beobachtung von Verhalten auf Ein-

Heinrich Tröster dagegen kommt bei seinem Vergleich zahlreicher, vor allem deutschsprachiger Autoren zu der Bilanz, dass negative Einstellungen klar überwiegen. Unabhängig von der angewandten Erhebungsmethode verweisen die Untersuchungen auf eine emotionale Ablehnung Behinderter, auf die Zuschreibung ungünstiger Eigenschaften, auf eine weit verbreitete Befürwortung einer sozialen Segregation Behinderter sowie auf die Tendenz Nichtbehinderter, persönliche Kontakte zu Behinderten zu meiden (Tröster 1988, S. 21).

Die Untersuchung von Gerd Jansen verdeutlicht das breite Spektrum von Einstellungen gegenüber Behinderten. Die Aufforderung, spontan Assoziationen mit Körperbehinderung zu äußern, ermittelte zahlreiche Äußerungen des Mitleids und des Mitgefühls, jedoch ebenso Äußerungen schärfster Ablehnung. Folgende Auszüge aus der Untersuchung verdeutlichen dies beispielhaft:

> „Bekommen zu wenig Hilfe, Bewunderung für ihr Durchstehen, armer Mensch, verkrüppelt, hilflos, bedauernswert, Last, Schwermut, Pech gehabt, Inzucht, nicht vollwertig, ins Heim stecken, die sind lästig, taugen zu nichts, besser sie wären tot, ausrotten, Euthanasie, im Dritten Reich hätten wir die Leute vergast" (Jansen 1976, S. 53).

Jansen kommt bei seiner Auswertung zu dem Schluss, dass die meisten Befragten Körperbehinderung mit ‚Lebensbehinderung' gleichsetzen. Nicht nur die persönliche Handlungsfreiheit scheint ihnen eingeschränkt, sondern auch das Verhältnis zum Mitmenschen scheint in einer Weise bestimmt, die für unerträglich gehalten wird. Die Nichtbehinderten in Jansens Untersuchung schlossen aufgrund ihrer eigenen Vorstellungen über die Beschränkungen in der Handlungsfähigkeit auf Erschwernisse in der Berufs- und der Partnerwahl, auf beschränkte gesellschaftliche Teilnahme. Interessanterweise wurde daraus der Schluss gezogen, dass Körperbehinderten weitgehend der Lebensgenuss verwehrt bleibt, sie überall um Hilfe bitten müssen und aufgrund dieser Umstände zu empfindlichen, launischen, misstrauischen Menschen werden (Jansen 1976, S. 54).

Es sollte deutlich geworden sein, dass eine eindeutige inhaltliche Tendenz der Einstellungen nicht auszumachen ist. Dies scheint für diese Arbeit jedoch nur peripher interessant, denn entscheidend ist, dass Meinungen und Einstellungen stets affektiv bestimmt sind (vgl. Cloerkes 1997, S. 77). Sie reichen vom Ausdruck des starken Mitgefühls bis zu Gedanken an Eu-

---

stellungen schließen, oft negativere Ergebnisse erzielten, als Studien, die Einstellungen durch direkte Befragungen ermitteln. Beide Ergebnisse sind also nur unter Vorbehalt zu interpretieren, denn es ist einerseits anzunehmen, dass offen verbalisierte Einstellungen sich an sozialer Erwünschtheit orientieren, während andererseits der Rückschluss vom Verhalten auf die Einstellungen angezweifelt werden muss.

thanasie, wobei der sachliche und neutrale Mittelbereich völlig fehlt. Aufgrund des Merkmals der Körperbehinderung werden dem Körperbehinderten negative oder positive Stereotypen zugeschrieben.[30] Das bedeutet, dass sich Einstellungen Nichtbehinderter gegenüber Körperbehinderten immer auf das Merkmal der Funktionsbeeinträchtigung beziehen und in generalisierter Form auf die behinderte Person übertragen werden.

Bei der Betrachtung sozialer Verhaltensweisen Nichtbehinderter wird sich zeigen, dass sich in psychophysischen Reaktionen auf Körperbehinderte eine Ablehnung manifestiert. Da diese Reaktionen unabhängig von positiven oder negativen Einstellungen auftreten, scheint eine intensivere Analyse verbal geäußerter positiver Einstellungen besonders interessant, weshalb nach einem Diskurs über die Einstellungsfaktoren sowie üblicher Methoden der sogenannte ‚Sympathie-Effekt' betrachtet wird.

Einstellungsfaktoren gegenüber körperbehinderten Menschen

Allgemeine Einstellungen gegenüber der generalisierten Gruppe der Behinderten müssen ausgeschlossen werden. Der Verweis auf stereotype Vorstellungen von Behinderungen macht deutlich, dass insbesondere Einstellungen gegenüber Behinderten sich je nach Behinderungsform unterscheiden.

Bevor der Einfluss der Art der Behinderung aufgezeigt wird, sollen vier Determinanten, die in der Einstellungsforschung als wichtige Einflusskomponenten angesehen werden, für die Einstellung gegenüber Körperbehinderten aufgezeigt werden (vgl. Cloerkes 1980, S. 166ff).

Der Wissensfaktor als Komponente der Anzahl und Qualität faktischer Informationen: Für Einstellungen gegenüber Körperbehinderten kann die Wissenskomponente weitgehend vernachlässigt werden, denn neben anderen hat Jansen ermittelt, dass selbst Personen, die sich für einen Beruf im Rahmen der Behindertenarbeit entschieden haben, eine affektive Grundabneigung nicht von sich weisen können (Jansen 1976, S. 121).

Der Kontaktfaktor, abhängig von Häufigkeit, Qualität und Freiwilligkeit des Kontaktes: Laut Cloerkes findet sich die ‚Kontakthypothese' in zahlreichen einschlägigen Publikationen. Sie besagt, dass Personen, die in Kontakt zu Behinderten stehen, positivere Einstellungen gegenüber Behinderten haben, als Personen, die keine derartigen Kontakte haben oder hatten. Weiterhin wird die Einstellung des Betreffenden um so positiver sein, je häufiger der Kontakt stattfindet (vgl. Cloerkes 1997, S. 121). Es wurde be-

---

[30] Damit können die Einstellungen als Hinweis verstanden werden, dass Körperbehinderten eine soziale Rolle des Abweichenden zugeschrieben wird, wie dies im ersten Teil der vorliegenden Arbeit bereits angedeutet wurde.

reits festgestellt, dass bezüglich Einstellungen gegenüber Behinderten insbesondere das affektive Teilelement bedeutsam ist. Der Kontakthypothese entsprechend müsste proportional zur Kontakthäufigkeit ein Gewöhnungseffekt insofern auftreten, als dass Einstellungen weniger affektiv geformt werden. Dies kann jedoch nicht bestätigt werden; im Gegenteil ergaben Untersuchungen, dass bestehende Erfahrungen mit Behinderten keinen signifikanten Unterschied bewirken. Die Tatsache, ob man einen Behinderten im Bekanntenkreis hat oder nicht, übt keinen wesentlichen Einfluss auf die Einstellungen aus, die man gegenüber Körperbehinderten hat; es kann also auf eine Unterscheidung bezüglich der Kontakthäufigkeit verzichtet werden.[31] Allerdings kann dieses Ergebnis als Beleg dafür verstanden werden, dass das Faktum der Körperbehinderung in der Begegnung so dominant ist, dass auch eine nähere Bekanntschaft zunächst nicht zu einer Umstrukturierung der Einstellungen gegenüber Behinderten führt. Deshalb kann die Kontakthypothese jedoch nicht eindeutig abgelehnt werden. Entscheidend ist zwar nicht die Häufigkeit des Kontaktes, jedoch ließ sich ein Zusammenhang feststellen zwischen der Intensität der Beziehung zu einem Körperbehinderten und den Einstellungen. Cloerkes bilanziert:

> „Eine ursprüngliche Einstellung tendiert dazu, sich bei Kontakt mit dem Einstellungsobjekt zum Extrem hin zu verstärken. Eine primär negative Einstellung kann durch Kontakt noch unterstrichen werden. Eine primär positive Einstellung wir hingegen durch Kontakterfahrungen weiter bestärkt." (Cloerkes 1997, S. 122).

Der sozialpsychologische Faktor der Wertorientierung: Es wurde bereits erwähnt, dass die Tendenz zur Zuschreibung der Eigenverantwortung an den Körperbehinderten sich interindividuell und zwischen sozialen Gruppen unterscheiden wird. Soziale Reaktionen auf Körperbehinderung können ebenso nur mittels Kenntnis der Wertorientierung angemessen interpretiert werden. Der Faktor der Wertorientierung wird im dritten Teil der vorliegenden Arbeit thematisiert, weshalb hier nicht näher darauf eingegangen wird. Es muss jedoch darauf hingewiesen werden, dass die vor-

---

[31] In der differenzierten Auszählung seiner Erhebung kommt Jansen zwar zu dem Ergebnis, dass Menschen, die im persönlichen Kontakt zu Behinderten stehen, besser informiert sind über faktische Angaben zu Behinderung; bezüglich der Einstellungen ergab sich jedoch kein Unterschied. Im Gegenteil haben 77% der Befragten, die einen Behinderten im Bekanntenkreis haben, eine Schwangerschaftsunterbrechung befürwortet, während dies nur 68% der Befragten tun, die keinen Körperbehinderten kennen (Jansen 1976, S. 108f). Eine ursächliche Interpretation dieses überraschenden Ergebnisses scheint äußerst spannend. Befürworten Bekannte der Behinderten eine Interruptio deswegen, weil sie aufgrund dieser persönlichen Beziehung die erschwerte gesellschaftliche Teilhabe Behinderter als belastend nachvollziehen können, oder weil sie den ihnen bekannten Behinderten als generalisierte Gruppe den Lebenswert absprechen?

liegende Arbeit keine explizite Unterscheidung von Einstellungen je nach Wertorientierung vornehmen wird, sondern Einstellungen und Wertvorstellungen in generalisierter Form aufgezeigt werden.

Demographische Faktoren wie Alter, Geschlecht, Einkommen: Sozioökonomische beziehungsweise demographische Faktoren haben eine vergleichsweise geringe Bedeutung. Cloerkes hat in seiner Bestandsaufnahme bei einer Gegenüberstellung verschiedener Untersuchungen widersprüchliche Ergebnisse gefunden. Eine Korrelation zwischen sozioökonomischem Status und Einstellung ließ sich demnach nur insofern nachweisen, als die Einstellungen der Nichtbehinderten von der Schichtzugehörigkeit des Körperbehinderten abhängig war. Keine Beziehungen bestehen zwischen den Einstellungen zu Behinderten und dem Beruf, der ethnischen Herkunft, dem Wohnort oder dem Familienstand (vgl. Cloerkes 1980, S. 196f). Die Beziehung zwischen Lebensalter und Einstellung bezeichnet Cloerkes in seiner Bestandsaufnahme von 1980 als „völlig uneinheitlich":

> „Eine lineare positive Beziehung zwischen Lebensalter und Einstellungen gegenüber Behinderten ist fast ebenso häufig wie eine negative oder nichtsignifikante Beziehung gefunden worden." (a.a.O., S. 197).

In seinem Reader von 1997 zieht er jedoch eine korrigierende Bilanz:

> „Ältere Personen sind etwas negativer eingestellt als jüngere Personen, die Beziehung ist jedoch nicht linear, sondern hat ihren Höhepunkt bereits um die 50."[32]

Dagegen kann das Verhältnis von Einstellung bezüglich Behinderung und Geschlecht als weitgehend gefestigt gelten. Weibliche Respondenten äußerten sich in nahezu allen Untersuchungen, die Cloerkes miteinander verglichen hat, positiver als Männer (vgl. Cloerkes 1980, S. 203 und 1997, S. 77).

Eingangs wurde darauf verwiesen, dass Einflussfaktoren von Einstellungen sich überwiegend auf den Einstellungsträger beziehen. Trotzdem ist die Einstellung, die einer behinderten Person entgegen gebracht wird, ebenfalls beeinflusst durch Eigenschaften des Behinderten, aufgrund derer sich der Einstellungsträger ein stereotypes Bild vom Behinderten macht. Bedeutend ist dabei die Art der Behinderung. Ein überzeugendes Indiz für diese Rangordnung aufgrund der Behinderungsform liefern Behinderte selbst, die sich – laut Klees Beobachtungen – selbst in eine Hackhierarchie einordnen:

---

[32] Cloerkes 1997, S. 77. Er zitiert hier eine Auswahl wichtiger Studien, die sämtlich zu späterer Zeit verfasst wurden als seine 1980 publizierte Bestandsaufnahme internationaler Forschung, weshalb eine Korrelation von Alter und Einstellung als gegeben angenommen werden soll.

„Der Behinderte, der keine Möglichkeit hatte, sich anzunehmen, dessen Minderwertigkeitsgefühle zum Selbsthaß führten, findet dennoch einen Ausweg: Entspricht er schon nicht der Norm, die man ihm aufgezwungen und der er sich unterworfen hat, so gibt es doch noch andere, die noch weniger der Norm entsprechen. Jeder, der in der Behindertenarbeit engagiert ist, kennt diesen Zustand, daß eine Behindertengruppe noch eine andere ausdeutet, die in der Hackordnung noch weiter unten rangiert." (Klee 1980, S. 27).

Bezüglich der Art der Behinderung sind insbesondere drei Faktoren entscheidend für die Einstellungen gegenüber Behinderten:

Die Einschätzung der Schwere der Behinderung: Abweichungen im psychischen und geistigen Bereich werden als ungünstiger gewertet als körperliche Funktionsbeeinträchtigungen. Befragungen zu einer Rangordnung von Behinderungsformen lassen sich so zusammenfassen, dass Behinderungen des Kopfes, also Sinnesbeeinträchtigungen und geistige Beeinträchtigungen, als weit beunruhigender bewertet werden als Behinderungen, die den übrigen Körper betreffen (vgl. Cloerkes 1980, S. 169). Rollstuhlfahrern sollten diesbezüglich also positivere Einstellungen entgegengebracht werden als beispielsweise Blinden. Bezüglich der Art der Behinderung ist vor allem die angenommene Bedrohlichkeit für andere bedeutsam. Daraus kann gefolgert werden, dass einem Körperbehinderten, der aufgrund eines Unfalles im Rollstuhl sitzt, vermutlich negativere Einstellungen entgegen gebracht werden, da seine Schädigung daran erinnert, dass niemand vor Unglücken solcher Art gefeit ist, wohingegen beispielsweise Körperbehinderung aufgrund eines Fehlers bei der Geburt die Existenz des Nichtbehinderten weit weniger bedroht. Bezüglich Verhalten ist anzunehmen, dass die Interaktion sich bei zugeschriebener Schuld erschweren wird.

Der Grad der Funktionsbeeinträchtigung durch die Behinderung: Das Ausmaß, in dem gesellschaftlich hoch bewertete Funktionsleistungen beeinträchtigt sind, beeinflusst die Einstellungen. Für den Rollstuhlfahrer bedeutet seine Behinderung eine Einschränkung in der Mobilität und damit in der Flexibilität und Spontaneität. Intelligenz, Kontakt- und Kommunikationsfähigkeit sind zwar nicht betroffen, jedoch ordnen Nichtbehinderte beispielsweise Spastiker oftmals den geistigen Behinderungen zu, während ein beinamputierter Rollstuhlfahrer als ausschließlich körperbehindert erkannt wird. Daher ist auch die Einschätzung des Grades der Funktionsbeeinträchtigung vom Wissensstand der Einstellungsträger abhängig. [33]

---

[33] Zu sozialen Begriffsbestimmungen von Körperbehinderung existieren zahlreiche Untersuchungen. Exemplarisch sei hier auf Jansen verwiesen, nach dem Befragte unter Körperbehinderung sowohl Sinnesbehinderungen, als auch vorübergehende Krankheiten einordneten. Spastiker und Athetotiker wurden hingegen sehr oft auch als geistig behindert angesehen, da ihre Behinderung im motorischen Bereich nicht nur die Körperkon-

Die Visibilität der Behinderung: Sichtbarkeit einer Behinderung gilt als wichtigster behinderungsspezifischer Aspekt. Vor allem stellt Sichtbarkeit die Bedingung für eine soziale Reaktion auf das behinderte Merkmal dar. Des Weiteren ist die Ästhetik einer Behinderungsform eine bedeutende Komponente. Wie eingangs bereits definiert, bilden sich Einstellungen insbesondere affektiv. Untersuchungen beweisen, dass sichtbar körperbehinderte Personen im Vergleich mit nicht sichtbar beeinträchtigten Personen weit negativer eingestuft werden.[34] Eine Interpretation bezüglich des Rollstuhls muss berücksichtigen, dass der Rollstuhl als Instrument zur Überwindung motorischer Beeinträchtigungen für zahlreiche Behinderungsformen ein Merkmal darstellt. Innerhalb des Spektrums von Spastikern über Beinamputierte bis zu Querschnittsgelähmten sollte also die Bewertung der Ästhetik eine jeweils andere sein.[35]

Methoden zur Erfassung von Einstellungen gegenüber Behinderten

Die gebräuchlichsten Verfahren zur Erfassung von Einstellungen gegenüber Behinderten fasst Tröster in vier Punkten zusammen:[36]

Mittels Interviews und Fragebögen werden Nichtbehinderte zu ihren Ansichten und Meinungen über Körperbehinderte in einem breiten Spektrum sozialer Bereiche, wie beispielsweise Schule, Familie, Beruf, Freizeit befragt. Die Antworten werden als Hinweise auf soziale Distanz zu Behinderten beziehungsweise den Grad ihrer Akzeptierung gewertet: Aus mangelndem Wohlwollen, negativen Gefühlen, der Befürwortung sozialer Segregation Behinderter oder stereotypisierender Zuschreibung unvorteilhafter

---

trolle beeinträchtigt, sondern auch die Aussprache erschwert (1976, S. 45f). In einer Liste mit Behinderungsformen wurden Amputationen sowie körperliche Missbildungen zwar eindeutig als Körperbehinderungen erkannt, jedoch wurde zum Beispiel auch „geisteskrank (32%), schwachsinnig (30%), idiotisch (22%), nervenkrank (22%), schizophren (21%) und seelisch gestört (16%)" in die Kategorie Körperbehinderung eingeordnet (Jansen 1976, S. 84f.). Aufgrund dieser Ungenauigkeit ist anzunehmen, dass Rollstuhlfahrer, die nicht eindeutig als ausschließlich körperbehindert erkannt werden, ebenfalls in der Kontakt- und Kommunikationsfähigkeit beschränkt werden, indem ihnen in der Rangordnung eine niedrigere Position zugeteilt wird und damit die Bereitschaft zur Interaktion schwindet.

[34] Zu diesem Schluss kommt beispielsweise Richard T. Goldberg, der die Akzeptanz und Integration 11 bis 14 jähriger Kinder mit schweren angeborenen Herzfehlern und mit schweren Gesichtsverbrennungen verglichen hat (Goldberg 1974, S. 430f.).

[35] Cloerkes schreibt in diesem Zusammenhang: „Nur in wenigen Fällen wurde die Einstellung zu einem ganz konkreten Einstellungsobjekt mit einer exakt definierten [...] Behinderung mittels spezieller Meßinstrumente [...] erfaßt [...]."(1980, S. 167).

[36] Die folgenden vier Punkte stellen eine Zusammenfassung dar aus Tröster (1988, S. 19ff) und Tröster (1990, S. 60ff).

Eigenschaften wird auf eine negative Einstellung geschlossen und umgekehrt auf positive Einstellungen.

Ein anderer Weg ist die Ermittlung der Bereitschaft der Befragten, soziale Beziehungen zu Behinderten einzugehen. In sozialen Distanzskalen sollen Nichtbehinderte ausdrücken, ob sie Behinderte als Ehepartner, Arbeitskollege, Nachbar oder in anderen Formen sozialer Beziehungen akzeptieren könnten. Jede der vorgegebenen Rollen repräsentiert eine bestimmte Stufe der sozialen Nähe beziehungsweise der sozialen Distanz. Eine hohe Bereitschaft wird als positive Einstellung gewertet, ein geringer Grad an Bereitschaft als negative Einstellung.

Projektive Verfahren erfragen die Einstellungen gegenüber Behinderten nicht direkt, sondern ziehen Rückschlüsse aus den Reaktionen Nichtbehinderter auf indirektes Stimulusmaterial unterschiedlicher Formen. Beispielsweise werden den Nichtbehinderten Fotos vorgelegt, sie werden zu spontanen Aussagen aufgefordert oder sollen ihre Distanz zu Behinderten in einer Zeichnung ausdrücken, aus der dann Rückschlüsse auf Einstellungen gezogen werden. Diesem Verfahren liegt die Annahme zugrunde, dass dem Respondenten die mögliche Diskrepanz zwischen seinen Äußerungen und sozialer Erwünschtheit bewusst ist und er daher seine Antworten sozialen Erwartungen anpasst.

Vor allem in den USA ist die Messung über standardisierte, auf psychometrischer Grundlage konstruierte Einstellungsskalen üblich. Ziel dieser Skalen ist eine zuverlässige Quantifizierung der individuellen oder gruppenspezifischen Einstellungen gegenüber Behinderten oder gegenüber einzelnen Behindertengruppen. Häufig wird dabei die Likert-Skala verwendet, bei der Nichtbehinderte gebeten werden, auf mehrstufigen Antwortalternativen den Grad ihrer Zustimmung oder Ablehnung zu evaluativen Aussagen und Feststellungen über Behinderte anzugeben. Die summierten Urteile stellen ein quantitatives Maß für die Einstellung dar.

Die Schwierigkeit in der Erhebung von Einstellungen liegt darin, dass Einstellungen selbst nicht beobachtet werden können. Damit ist die Ermittlung entweder auf projektive Verfahren angewiesen, oder darauf, dass die Nichtbehinderten ihre originären Einstellungen preisgeben.

Wie bereits aufgezeigt, werden Einstellungen von Faktoren beeinflusst, sodass von einer allgemeinen Einstellung gegenüber der generalisierten Gruppe der Behinderten nicht gesprochen werden kann. Des Weiteren muss die Dimensionalität von Einstellungen berücksichtigt werden. Ein eindimensionales Ablehnungs-Akzeptierungs-Kontinuum kann eine Auswertung nach der affektiven, der konativen und der kognitiven Komponente nicht leisten. Bezüglich der Einstellungen gegenüber Körperbehinderten ist jedoch primär die affektive Komponente bedeutend. Indem faktorenanalytisch gewonnene Subskalen die Erfassung mehrerer Einstellungsdimensionen ermöglichen, können inhaltliche Spannungen und Unsicherheit bei der Begegnung mit Behinderten wiedergegeben und die ermittelten Einstellungen auf die affektive Komponente hin interpretiert werden. Der Befragte wird aufgefordert, seine Übereinstimmung mit vorgegebenen Aussagen anzugeben. Beispiele für solche Items sind:

> „Ich fühle mich unbehaglich, wenn ich in die Nähe eines Behinderten komme"; „Ich wäre verwirrt bei dem Gedanken, einen Abend zusammen mit einem Behinderten verbringen zu müssen"; „In Gegenwart eines Schwerbehinderten kann man sich nicht recht wohlfühlen"; „Es ist schwieriger, mit einem Behinderten ins Gespräch zu kommen, als mit einem Nichtbehinderten" (Tröster 1988, S. 21).

Der ‚Sympathie-Effekt' als soziale Reaktionsform auf physisch Abweichende

Im Folgenden handelt es sich um sozialpsychologische Ergebnisse, die unter Experimentalbedingungen erfasst wurden, weshalb psychophysische Reaktionen und nonverbales Verhalten beobachtet und gemessen werden konnten. In dieser Erstbegegnung wurden die Versuchspersonen in der Kontrollsituation mit einem Nichtbehinderten und in der Experimentalbedingung mit einem Körperbehinderten überraschend und unerwartet konfrontiert, wobei die Behinderung dabei vornehmlich durch einen Rollstuhl symbolisiert wurde.[37] Den Nichtbehinderten wurde die Aufgabe gestellt, im direkten Kontakt mit einem behinderten, beziehungsweise einem nichtbehinderten Partner ein Geschicklichkeitsspiel zu spielen und dabei fortlaufend Rückmeldungen über die Leistungen des Gegenübers zu geben. So konnten die Einstellungen der Nichtbehinderten gegenüber Körperbehinderten erfasst werden.

Unabhängig davon, ob die Versuchspersonen von den Behinderten eine geringere Leistung erwarteten, wurden deren Leistungen positiver beurteilt als die der Nichtbehinderten (vgl. a.a.O., S. 35). Damit zeigen diese Untersuchungen zum Einfluss der Behinderung auf soziale Reaktionen, dass aufgrund des Behinderungsmerkmals ein ‚Sympathie-Effekt' zugunsten der behinderten Person auftreten kann.[38]

---

[37] Die folgenden Ergebnisse beziehen sich auf Tröster 1988, S. 29-36.

[38] vgl. a.a.O., S. 29. Es muss in diesem Zusammenhang darauf verwiesen werden, dass Cloerkes im Gegensatz zu Tröster den ‚Sympathie-Effekt' als Ergebnis methodischer Ungenauigkeiten auffasst (1997, S. 85). Erfahrungsberichte Körperbehinderter verweisen jedoch auf persönliche Erlebnisse dieses ‚Sympathie-Effektes' (vgl. Tröster 1988, S. 29). Da sich die vorliegende Arbeit mit sozialen Reaktionen Nichtbehinderter in natürlichen Situationen auseinandersetzt, sollen Erfahrungen Körperbehinderter in

Die Autoren solcher Untersuchungen verallgemeinern, dass Behinderte auch in alltäglichen sozialen Situationen positiv gefärbte, unrealistische Rückmeldungen erhalten, da soziale Normen eine kritische Beurteilung Behinderter verbieten. Demnach sind Nichtbehinderte bestrebt, sich in sozial erwünschter Weise darzustellen und insbesondere eine mit der Abwertung der behinderten Person verbundene offene Verletzung sozialer Normen zu vermeiden (vgl. Tröster 1988, S. 29). Da anzunehmen ist, dass den Nichtbehinderten nicht nur in Experimentalbedingungen die Bewertung ihrer Einstellung bewusst ist, stellt sich die Frage, ob tatsächliche Einstellungen überhaupt gemessen werden können.

Hinsichtlich der Einstellungen Nichtbehinderter ist in diesem Zusammenhang weniger die inhaltliche Tendenz interessant, als vielmehr die Tatsache, dass Nichtbehinderte anscheinend unabhängig von ihrer tatsächlichen, originären Einstellung, Wertungen äußern, die der sozialen Erwünschtheit gerecht werden möchten.[39]

Der ‚Sympathie-Effekt' wird aufgrund der körperlichen Funktionsbeeinträchtigung hervorgerufen. Er stellt also eine soziale Reaktion direkt auf die normative Abweichung dar. Eine Beschäftigung mit Normen und Wertvorstellungen im dritten Teil der Arbeit wird zeigen, dass der ‚Sympathie-Effekt' als ein Produkt widersprüchlicher Normen interpretiert werden kann: Einerseits hat der Nichtbehinderte Orientierungswerte verinnerlicht, denen Körperbehinderte nicht entsprechen und andererseits kann er diese Ablehnung aufgrund vorgegebener Verhaltensnormen für den Umgang mit Benachteiligten nicht zeigen.

Der Möglichkeit, dass geäußerte Einstellungen nicht den tatsächlichen Einstellungen entsprechen, haben sich weitere Untersuchungen gewidmet. Tröster berichtet von einem Experiment, bei dem Nichtbehinderte mit Körperbehinderten konfrontiert wurden. Der Körperbehinderte bat den Nichtbehinderten um einen Gefallen, wobei die Bedingungen jeweils variierten. Unter der einen Bedingung war der Gefallen an einen weiteren persönlichen Kontakt gebunden, während unter der anderen Bedingung kein weiterer persönlicher Kontakt zu erwarten war. Es ergab sich, dass für das

---

diesem Zusammenhang als Beweis für die Zuverlässigkeit der Untersuchungsergebnisse gewertet werden.

[39] Aufgrund der Tatsache, dass Goffman in seinem Werk ‚Stigma' die Regelhaftigkeit sozialer Reaktionen auf normativ Abweichende analysiert hat, sei hier ein Gedanke erlaubt, der in diesem Zusammenhang naheliegend ist: In Interviews mit der Transsexuellen Agnes kann Goffman zeigen, dass sich Agnes aufgrund ihrer biologischen Männlichkeit umso weiblicher verhält. Es findet eine Über-Identifikation statt, indem Attitüden, die als weiblich gelten, sowie Weiblichkeitsattribute überpointiert präsentiert werden. Ebenso wie Agnes mit dieser Übertreibung ihre Männlichkeit verheimlichen will, könnten vielleicht die positiven Äußerungen Nichtbehinderter als Versuch gedeutet werden, tatsächliche Einstellungen zu verdecken?

Verhalten gegenüber Körperbehinderten von Bedeutung ist, ob ein persönlicher Kontakt erwartet wird oder nicht, denn bei der Erwartung eines wiederholten Treffens wurde die Bitte um einen Gefallen signifikant häufiger abgelehnt, als wenn der Gefallen ohne eine erneute Begegnung erfüllt werden konnte (vgl. Tröster 1990, S. 177ff).

Der ‚Sympathie-Effekt' scheint also nur unter der Bedingung zu greifen, dass Beobachter das sozial wünschenswerte Verhalten Nichtbehinderter gegenüber Behinderten registrieren und dass sich daraus keine Konsequenzen im Sinne von fortlaufendem Kontakt für den Nichtbehinderten ergeben.

Da das Verhalten Nichtbehinderter gegenüber Körperbehinderten also vom Rahmen der Interaktion abhängig ist, erscheint es sinnvoll, soziale Reaktionen in ihrer jeweiligen Situationsgebundenheit zu interpretieren. Dieser Aspekt wird später ausführliche Beachtung finden.

3. Zur Verhaltensdimension gegenüber Körperbehinderten

Interaktionen zwischen Behinderten und Nichtbehinderten werden von den gesichteten Autoren einstimmig als schwierig und spannungsgeladen bezeichnet.[40] In alltäglichen Begegnungen mit Nichtbehinderten sind Körperbehinderte mit vielfältigen Schwierigkeiten konfrontiert und größeren Anstrengungen ausgesetzt, um soziale Beziehungen zu Nichtbehinderten aufzubauen und aufrecht zu halten. Dies wurzelt jedoch weniger in den mit der Behinderung einher gehenden Funktions- und Aktivitätseinschränkungen, da diese oftmals kompensiert oder gemindert werden können. Vielmehr entpuppt sich die Behinderung in der Interaktion mit Nichtbehinderten als ein Stigma insofern, dass die körperliche Schädigung Stimulusqualität besitzt und daher den Verlauf der Interaktion strukturiert. Thimm und Wieland erklären die Interaktionsspannungen folgendermaßen:

„Durch Stigmatisierungen werden Basisprozesse der Interaktion gestört: Die Reziprozitätsnorm (das Sich-in-die-Situation-des-anderen-Hineinversetzen-Können als Bedingung für die Umkehrbarkeit der Perspektiven) ist erschüttert. [...] Das Maß angemessener Selbstdarstellung ist unklar (z.B. inwieweit darf ich als

---

[40] So spricht beispielsweise Tröster in diesem Zusammenhang von ‚Interaktionsspannungen'(1990, S. 200); Cloerkes bezeichnet die Grundstruktur sozialer Interaktion als ‚pathologisch'(1980, S. 494); ebenso stellt die Begegnung von normativ Abweichenden und Nichtbehinderten für Goffman eine ‚pathologische Situation' dar (1967, S. 29); Seywald verweist auf „Interaktionsmuster von Spannung und Peinlichkeit"(1978, S. 9). Klingmüller schreibt in Bezug auf Körperbehinderung: „Wenn ein Attribut in der jeweiligen sozialen Situation unmittelbar wahrnehmbar ist, besteht das wesentliche Interaktionsproblem in der Bewältigung von Spannungen."(1993, S. 104).

Nichtbehinderter Betroffenheit, Angst, Mitleid demonstrieren? In welchem Umfang darf ich als Behinderter meine Behinderung in die Situation einbringen? [...])" (Thimm/Wieland 1983, S. 441).

Die Barriere liegt also in den sozialen Reaktionen Nichtbehinderter, die sich immer an dem Merkmal der Funktionsbeeinträchtigung orientieren und die Aufnahme und Aufrechterhaltung sozialer Kontakte erschweren.

Einflussfaktoren auf Verhalten gegenüber körperbehinderten Menschen

Für das Verhalten gegenüber Behinderten wurden folgende Aspekte als relevant ermittelt:

Die Auffälligkeit der Behinderung: Tröster bezeichnet die Auffälligkeit der Behinderung als bedeutsamste Determinante der sozialen Reaktionen, wobei er unterscheidet zwischen Auffälligkeit und Sichtbarkeit (vgl. Tröster 1990, S. 29). Die Behinderung eines Rollstuhlfahrers ist für den nichtbehinderten Interaktionspartner unmittelbar auffällig, da sichtbar. Die Behinderung eines Stotterers, die erst bei der Kommunikation sichtbar wird, ist jedoch um so auffälliger, da sie als Funktionsbeeinträchtigung den Verlauf der Interaktion massiver beeinflusst. Die Auffälligkeit einer Behinderung ist jedoch keine konstante Eigenschaft der Behinderung, sondern von den situativen Bedingungen abhängig, unter denen es zu einer Begegnung mit dem Behinderten kommt. Die Behinderung eines Rollstuhlfahrers ist beispielsweise auf der Straße sofort bemerkbar, während ein am Tisch sitzender Rollstuhlfahrer nicht sonderlich auffallen dürfte. Damit unterscheiden sich auffällige Behinderungen insofern, da sie also entweder bereits vor oder unmittelbar während der ersten Kontaktaufnahme von dem Gegenüber bemerkt werden, während nicht auffällige Behinderungen, wie beispielsweise chronische Schmerzen oder Diabetes, erst offensichtlich werden oder offensichtlich gemacht werden, wenn bereits ein sozialer Kontakt existiert. Während Personen mit nicht unmittelbar auffälligen Behinderungen die Möglichkeit der Informationskontrolle haben, geben wiederum sichtbare Behinderungen, wie die des Rollstuhlfahrers, dem Nichtbehinderten die Möglichkeit, sich auf die Behinderung des Gegenübers einzustellen, bevor eine Interaktion zustande kommt, da sie bereits aus größerer Distanz bemerkbar sind.[41]

---

[41] Goffman (1967, S. 56ff) unterscheidet im Hinblick auf die Auffälligkeit der Behinderung die Diskreditierten und die Diskreditierbaren. Die Situation der Diskreditierten ist dadurch gekennzeichnet, dass sie aufgrund der Auffälligkeit ihrer Behinderung keine Möglichkeit haben, die Informationen über ihr Stigma zu kontrollieren. Dagegen können die Diskreditierbaren, deren Stigma nicht unmittelbar auffällig ist, die Informationen über ihr Stigma steuern und beeinflussen. Tröster (1990, S. 34) zitiert jedoch eine

Die ästhetische Beeinträchtigung: Zahlreiche Untersuchungen belegen, dass die physische Attraktivität einen erheblichen Einfluss hat auf die Einstellungen und das Verhalten anderer. Für die Analyse des sozialen Verhaltens gegenüber Menschen mit sichtbaren Behinderungen bezeichnet Tröster die folgenden Befunde der sozialpsychologischen Forschung als bedeutsam (vgl. Tröster 1990, S. 35ff): Zwar kann aufgrund von Forschungsergebnissen keine Aussage darüber gemacht werden, welche Merkmale eine Person attraktiv erscheinen lassen, jedoch besteht ein erstaunlich hoher Grad an Übereinstimmung im Hinblick auf die körperliche Attraktivität einer Person. Physisch attraktiven Personen werden im allgemeinen eher sozial erwünschte Eigenschaften zugeschrieben; körperlich unattraktiven Personen werden eher sozial unerwünschte Attribute zugeordnet. Dies spiegelt sich in der Interaktion wieder, da Menschen einem attraktiven Interaktionspartner gegenüber offener sind als einem unattraktiven. Das Aussehen wird nicht nur bei der Anbahnung sozialer Kontakte wirksam, sondern beeinflusst auch die weitere Entwicklung der sozialen Beziehung. Indem körperlich unattraktive Personen im allgemeinen häufiger mit ablehnendem Verhalten und abwertenden Einstellungen ihrer Umwelt konfrontiert werden, tragen diese sozialen Reaktionen dazu bei, dass sich ästhetische Beeinträchtigungen in der Persönlichkeit niederschlagen. Geringeres Selbstwertgefühl, Schüchternheit, geringere soziale Fertigkeiten und Einschränkungen in der Durchsetzungsfähigkeit tragen als Folge bei zu Aktivitäts- und Funktionseinschränkungen. Seywald spricht der ästhetischen Beeinträchtigung durch die Körperbehinderung hinsichtlich der Interaktion zwischen Behinderten und Nichtbehinderten eine zentrale Stellung zu.[42] In dieser Arbeit soll keine Unterscheidung zwischen verschiedenen Behinderungsformen gemacht werden, die auf einen Rollstuhl angewiesen sind. Prinzipiell ist jedoch anzunehmen, dass der Rollstuhl als eher unattraktiv

---

Studie, die zeigt, dass auch auffällig Körperbehinderte sich um Stigma – Management bemühen, indem sie bei der Auswahl ihrer Kleidung darauf achten, dass sie möglichst unauffällig sind und ihre Behinderung bedeckt oder die Aufmerksamkeit auf andere, nicht behinderte Körperteile lenkt.

[42] vgl. Seywald 1980, S. 77. Seywald spricht in diesem Zusammenhang vom ‚Primat ästhetischer Barrieren' als Hauptquelle für Vermeidungstendenzen gegenüber Behinderten, wobei bezüglich der Schlussfolgerung auf Grenzen aufgrund der Erhebungsmethoden verwiesen werden muss. Behinderte unterscheiden sich aufgrund einer Vielzahl von Merkmalen von Nichtbehinderten wie beispielsweise Kommunikationsfähigkeit und Funktionstüchtigkeit, die das äußere Erscheinungsbild prägen. Empirisch ermittelte Unterschiede im Verhalten gegenüber Personen mit verschiedenen Behinderungen können somit nicht ausschließlich auf die ästhetische Beeinträchtigung zurückgeführt werden. Allerdings kann Tröster (1990, S. 40) dem eine Untersuchung entgegen halten, bei der beobachtet wurde, dass Pflegepersonal körperlich attraktive gegenüber unattraktiven Heimbewohnern bevorzugte.

gewertet wird, wobei die Ursachen für die Behinderung sicher verstärkend oder abschwächend wirken. Ein Spastiker ist beispielsweise aufgrund seiner Muskelnervosität auf den Rollstuhl angewiesen. Da er seine Muskeln nicht vollständig kontrollieren kann, verkrampfen sich seine Hände, was die Nahrungsaufnahme erheblich beeinträchtigt. Es ist anzunehmen, dass eine solche Körperbehinderung als erhebliche ästhetische Beeinträchtigung gewertet wird, während eine Querschnittslähmung als vergleichsweise ästhetischer beurteilt wird. Denn eine sitzende Person, die im Gegensatz zum Spastiker keine Zuckungen aufweist, entspricht bis auf die Sitzposition in einem Rollstuhl dem alltäglichen Erscheinungsbild Erwachsener.

Die funktionale Beeinträchtigung kommunikativer Fähigkeiten: Die in der WHO-Klassifikation unter ‚Disability' gefassten Funktions- und Aktivitätseinschränkungen betreffen nicht nur das behinderte Individuum selbst, indem sie seine Alltagsaktivitäten einschränken, sondern wirken sich auch auf die soziale Interaktion des Betroffenen aus. Vor allem eine Beeinträchtigung kommunikativer Fähigkeiten hat unmittelbare Auswirkungen auf den Verlauf der Interaktion. Indem der Informationsaustausch blockiert, eingeschränkt oder gestört ist, wirkt sich die kommunikative Beeinträchtigung auf das Verhalten des Nichtbehinderten aus. Bezüglich des Rollstuhlfahrers ist dieser Aspekt insofern relevant, da hier nicht nach einzelnen Behinderungsformen, die auf einen Rollstuhl angewiesen sind, unterschieden wird. Damit sind hier Behinderungsformen, die eine Beschränkung der Kommunikationsfähigkeit mit sich bringen, mit einbezogen. Bei Spastikern beispielsweise ist eine Kompensation oder ein Ausgleich der Beschränkungen in der ersten Begegnung nicht möglich, weshalb die Wahrscheinlichkeit, dass Nichtbehinderte einer solchen Interaktion ausweichen, ungleich größer ist als bei Behinderten, die in ihrer Kommunikationsfähigkeit nicht eingeschränkt sind (vgl. Tröster 1990, S. 43).

Die zugeschriebene Verantwortlichkeit: Die Vorstellungen, die Nichtbehinderte von den Ursachen für das von der Norm abweichende Verhalten Körperbehinderter haben, beeinflussen deren Einstellungen sowie Verhaltensweisen gegenüber dem Einstellungsobjekt. Ein entscheidender Aspekt dabei ist, ob und in welchem Ausmaß dem Betroffenen eine Eigenverantwortlichkeit für seine Körperbehinderung zugeschrieben wird. Bei dem hier relevanten Ausschnitt sozialer Interaktionen besitzen Nichtbehinderte in der Regel keine oder nur wenige verlässliche Informationen über die tatsächlichen Ursachen der Behinderung des Interaktionspartners. Da oftmals falsche Vorstellungen über die Bedingungen, die abweichendes Verhalten hervorbringen, existieren, besteht in der Interaktion die Tendenz, den Betroffenen eine mehr oder weniger große Eigenverantwortlichkeit zu unterstellen.[43] Dabei können die Betroffenen für das Auftreten der Behinderung verantwortlich gemacht werden oder für deren Aufrechterhaltung. Bezüglich der Aufrechterhaltung der Körperbehinderung ist anzunehmen, dass Behinderungsformen, die auf einen Rollstuhl angewiesen sind, allzu offensichtlich irreparabel sind und ihnen daher weit seltener die Verantwortung für das Bestehen ihres Zustandes zugeschrieben wird. Im Gegenzug wird von Alkoholikern, Fettleibigen oder Drogenabhängigen vielfach angenommen, sie hätten die Kontrolle über ihr Verhalten und müssten in der Lage sein, durch Anstrengung ihr Verhalten zu ändern.[44] Entscheidend bei der Zuschreibung der Verantwortung ist, dass die Ursache für die Behinderung in der Persönlichkeit des Behinderten gesucht wird. Wird der Behinderte für seinen Zustand verantwortlich gemacht, kann ihm unterstellt werden, dass er in der Vergangenheit nicht in der Lage war, sich zu schützen und somit charakterliche Unzulänglichkeiten aufweist. Behinderung gilt damit als Resultat eines persönlichen Versagens.[45]

---

[43] vgl. Tröster 1990, S. 44. Die Bedeutung der Schuldfrage wird auch von Jansen thematisiert. Er fragt Nichtbehinderte nach den Ursachen für Körperbehinderungen und erhält folgende Antworten: Vererbung und Erbfehler wurden an erster Stelle genannt, Unfall und Schock an zweiter, Alkohol an dritter und ein ausschweifender Lebenswandel oder Nikotinmissbrauch der Eltern an vierter Stelle (vgl. 1976, S. 46f.). Berücksichtigt man, dass der Begriff der Körperbehinderung bei den Befragten nicht scharf umrissen ist, kann angenommen werden , dass diese Tendenz, den Betroffenen die Eigenverantwortlichkeit zuzuschreiben, in einem Informationsdefizit wurzelt. Tröster nimmt daher an, dass je nach Informationsstand interindividuell und zwischen sozialen Gruppen starke Unterscheidungen im Umgang mit der Schuldfrage bestehen (Tröster 1990, S. 44). Thimm und Wieland bezeichnen physische Abweichungen als *defektives* Stigma, da die Zuschreibung von Andersartigkeit auf konstitutionellen Bedingungen basiert (Thimm/ Wieland 1983, S. 441).
[44] Die Zuschreibung der Verantwortung für die Beseitigung der Verhaltensabweichung findet sich ebenfalls in Parsons' Theorie zur Krankenrolle. Darin führt Parsons aus, dass vom kranken Patient erwartet wird, dass er durch eigene Anstrengungen sowie durch die Bereitschaft, mit dem Arzt zu kooperieren, seine Krankheit überwindet, um möglichst schnell den normativen Verhaltensanforderungen wieder nachkommen zu können (vgl. Parsons 1981, S. 423). Im Unterschied zur Krankenrolle werden diese Erwartungen an dauernd Körperbehinderte nicht heran getragen.
[45] Zur Veranschaulichung dieser Argumentation verweist Tröster auf eine vergleichende Studie über Behinderung und soziale Verhaltensabweichungen. Dabei wurden Behinderungen und Krankheiten mit eindeutig physischer Grundlage für unkontrollierbarer gehalten und lösten in hohem Maße Sympathie, Mitleid und Hilfsbereitschaft aus, während Verhaltensabweichungen wie Fettleibigkeit oder Drogenabhängigkeit weit negativere Reaktionen hervorriefen. Die Betroffenen wurden in hohem Maße verantwortlich gemacht, da ihnen trotz Kontrollierbarkeit eine Korrektur des abweichenden Verhaltens nicht gelungen war (vgl. Tröster 1990, S. 46).

Methoden zur Erfassung von Verhalten gegenüber Körperbehinderten

Verhalten Nichtbehinderter gegenüber Körperbehinderten in natürlichen Situationen lässt sich schwer erfassen, da solche Begegnungen im Vergleich zu Begegnungen zwischen Nichtbehinderten prinzipiell selten sind und daher eine Beobachtung in der Öffentlichkeit vor die methodische Schwierigkeit gestellt ist, ausreichend empirisches Material zu erhalten. Einen ersten Zugang bieten Erfahrungsberichte Körperbehinderter. Allerdings bleiben dabei psychophysische Reaktionen unberücksichtigt, deren Kenntnis jedoch für die Ermittlung einer Struktur sozialer Reaktionen notwendig ist. Weiterhin können 'Laienbeobachtungen' nicht als wissenschaftliche Aussagen gewertet werden, zumal in natürlichen Situationen Einflussgrößen nicht ausgeschaltet werden können, die zu einer Verzerrung in der Wahrnehmung und Beurteilung sozialer Reaktionen führen können. Daher ist die Ermittlung sozialer Verhaltensweisen auf Beobachtung und Erfassung unter Experimentalbedingungen angewiesen, um den Einfluss von Störvariablen zu minimieren und ein möglichst breites Spektrum nonverbaler und verbaler Verhaltensweisen zu registrieren.

Ein übliches Verfahren ist die Konfrontation eines Nichtbehinderten mit einem Körperbehinderten, wobei durch Videokameras jede Geste, die Mimik und die verbalen Äußerungen der Nichtbehinderten zur anschließenden Auswertung festgehalten werden können. Typische Kriterien sind die Ermittlung der eingehaltenen räumlichen Distanz, der Häufigkeit des Blickkontaktes sowie die Sprechdauer als Indikatoren für Zuwendung oder Ablehnung des körperbehinderten Interaktionspartners (vgl. Tröster 1988, S. 42f).

Trotzdem ergeben sich auch in Laborexperimenten Schwierigkeiten, die vielfältigen Einflussfaktoren in sozialen Interaktionen zu kontrollieren.[46] Ein Problem liegt in den teilnehmenden Personen selbst. Zwar kann die Körperbehinderung durch einen Konföderierten des Versuchsleiters dargestellt werden, der als Experimentalbedingung in einem Rollstuhl sitzt und in der Kontrollsituation als Nichtbehinderter auftritt, damit diesbezüglich identische Interaktionsbedingungen gegeben sind. Trotzdem muss berücksichtigt werden, dass sich die Versuchsperson und der Konföderierte des Versuchsleiters durch weitere Merkmale und Eigenschaften unterscheiden. Abgesehen vom Vorhandensein einer Behinderung könnten sich beispielsweise der behinderte und der nichtbehinderte Interaktionspartner im Hinblick auf die Attraktivität ihres äußeren Erscheinungsbildes unter-

---

[46] Mit den methodischen Schwierigkeiten bei der Erfassung von Verhalten Nichtbehinderter gegenüber Behinderten haben sich mehrere Autoren beschäftigt. Die folgenden Aufzeichnungen basieren auf Ergebnissen von Tröster 1990, S. 171ff und 1988, S. 41ff; Cloerkes 1997, S. 84f.

scheiden oder sich im Gespräch mit einem Fremden unterschiedlich verhalten. Alle diese möglichen Merkmals- und Verhaltensunterschiede zwischen dem behinderten und dem nichtbehinderten Interaktionspartner können sich in einer Untersuchung auf das Verhalten der Versuchspersonen auswirken, so dass nicht mehr zweifelsfrei zu entscheiden ist, ob die beobachteten Unterschiede im Verhalten der Versuchspersonen tatsächlich durch die Behinderung oder durch andere Faktoren hervorgerufen wurden.

Ebenso ist eine Festlegung auf angemessene Verhaltenskriterien problematisch. Bei näherer Betrachtung von Verhaltensweisen Nichtbehinderter ist es oftmals nicht eindeutig, ob das Verhalten Ausdruck einer positiven oder einer negativen Intention darstellt, was die Interpretation und Bewertung durch den Beobachter erschwert.[47]

Aufgrund der gesichteten Literatur ist anzunehmen, dass ein Konsens bezüglich der anzuwendenden Methoden nicht besteht. Während Tröster sich eindeutig für ein experimentelles Verfahren ausspricht, kritisiert Cloerkes in seiner Bewertung von Laborexperimenten die durchgängig ermittelte Wirkung des ‚Sympathie-Effektes' und plädiert für eine verstärkte Betonung qualitativer Fallstudien aus dem natürlichen Umfeld, wie zum Beispiel Tiefeninterviews oder biographisches Material Behinderter und die Verhaltensbeobachtung von Kindern bei integrativen Kontakten (vgl. Cloerkes 1997, S. 84f).

Laborexperimente ermöglichen zwar einen Zugang zu psychophysischen Reaktionen und Tendenzen zur Vermeidung von Interaktionen, jedoch verhindern die Experimentalbedingungen einen Einblick in tatsächliche soziale Reaktionen, denen Behinderte in alltäglichen Situationen ausgesetzt sind. Daher sollen hier sowohl experimentell erfasste Ergebnisse, als auch Erfahrungsberichte Behinderter verwendet werden. Psychophysische Reaktionen und Tendenzen zur Interaktionsvermeidung können nur unter experimentellen Bedingungen adäquat gemessen werden, jedoch für die Beschreibung typischer Reaktionsformen scheint es sinnvoll, Beobachtungen und Erfahrungen der Körperbehinderten eingehender zu betrachten, um diese dann im dritten Teil soziologisch zu interpretieren.

---

[47] vgl. Tröster 1990, S. 108. Dies betrifft jedoch auch die Nichtbehinderten, die im alltäglichen sozialen Kontakt mit Behinderten oft vor dem Problem stehen, ein ihrer Einstellung entsprechendes Verhalten zu finden. Aufgrund fehlender Erfahrungen im sozialen Kontakt mit Behinderten haben Nichtbehinderte möglicherweise nicht immer das Verhaltensrepertoire zur Verfügung, das es ihnen ermöglicht, sich ihrer Einstellung entsprechend zu verhalten. So sind viele Menschen mit positiver Einstellung unsicher, ob sie einem Rollstuhlfahrer beispielsweise beim Überqueren der Straße behilflich sein sollen, weil sie befürchten, er könne ihr Hilfsangebot als eine unangemessene Mitleidsäußerung empfinden.

Zur Verhaltensstruktur Nichtbehinderter gegenüber Körperbehinderten

Die Betrachtung von Verhaltensweisen Nichtbehinderter gegenüber Körperbehinderten soll in drei Schritten geschehen. Zuerst sollen originäre psychophysische Reaktionen in knapper Weise als Wurzel der Grundstruktur von Interaktionen nachgezeichnet werden. Anschließend gilt es, die Tendenz zur Interaktionsvermeidung aufzuzeigen, um dann in einem dritten Schritt typische Reaktionsformen zu besprechen.[48]

Psychophysische Reaktionen

In sozialpsychologischen Experimenten wurden ‚originäre Reaktionen' untersucht. Dabei wurde deutlich, dass – ebenso wie bei Einstellungen gegenüber Behinderten – die affektive Komponente die Begegnungssituation in entscheidender Weise prägt. Insbesondere eine plötzliche und unerwartete Konfrontation mit Menschen, die schwere und ästhetisch auffällige Behinderungen aufweisen, führen bei Nichtbehinderten häufig zu schockartigen Reaktionen. Diese unmittelbaren Reaktionen auf eine Person mit sichtbarer Körperbehinderung zeichnet sich aus durch eine hochgradige und weitgehend unkontrollierbare Erregtheit und Angst des Nichtbehinderten.[49]

Während in einem Laborexperiment Versuchspersonen mit einem körperbehinderten Menschen konfrontiert wurden, äußerten sich physische Veränderungen des Hautwiderstandes sowie eine erhöhte Herzfrequenz als Zeichen von Stress und Angst. Weitere affektive Abwehrreaktionen waren Ekel und Abscheu bis hin zu körperlicher Übelkeit sowie motorische Starrheit.[50] Dies bestätigen auch Äußerungen in Tiefeninterviews von Jansen:

---

[48] Diese Aufteilung orientiert sich an Cloerkes (1980, S. 411ff), wobei hier auf eine Klassifizierung in negative und positive Reaktionsformen verzichtet wurde, denn die Darstellung, die hauptsächlich aus Erfahrungsberichten Körperbehinderter besteht, wird deutlich machen, dass auch Verhaltensweisen, die Cloerkes unter der Kategorie ‚positive Reaktionen' zusammenfasst, von den Körperbehinderten nicht ausschließlich als solche gewertet werden.

[49] Cloerkes (1980, S. 411f.) bilanziert mit dieser Aussage eine Analyse wichtigster Forschungsergebnisse zur emotionalen Erregtheit angesichts der Konfrontation mit physisch abweichenden Personen. Auch Tröster (1988, S. 36) kommt in einer empirischen Überprüfung dieser Annahmen zu denselben Ergebnissen.

[50] Auch Jansen kommt zu diesem Ergebnis. Indem er Nichtbehinderte mit contergangeschädigten Kindern zusammenbrachte und dabei den Hautwiderstand der Nichtbehinderten maß, konnte er feststellen, dass der Hautwiderstand deutlich geringer war als in

„Ich kann nicht hinsehen, da wird mir schlecht, wenn ich die sehe. [...] ich spüre dabei einen Schauer über den Rücken laufen. [...] Da sträubt sich etwas. [...] Das war so ein Klumpen Fleisch, so ein Stummel, der zuckt, furchtbar. [...] Ich habe da so ein komisches Gefühl in der Magengegend. [...] Ich ekele mich."[51]

Diese sozialpsychologischen Ergebnisse sind insofern interessant, da sie auf abwehrendes Verhalten verweisen, was sich in der realen Interaktion zwischen Behinderten und Nichtbehinderten nur selten beobachten lässt. Denn fest umrissene Verhaltensvorschriften verhindern, dass Nichtbehinderte in der Begegnung mit physisch Andersartigen in originärer Form reagieren. In der folgenden Beschäftigung mit tatsächlichem Verhalten wird sich zeigen, dass dieses prinzipiell sozial erwünschtem Verhalten entspricht. Tröster erklärt dies damit, dass affektive Spontanreaktionen unterdrückt werden und in ‚kulturell überformte Reaktionen' umgeformt werden. Er bilanziert bei einem Vergleich zahlreicher Studien:

„Insgesamt bieten die Ergebnisse der Untersuchungen jedoch einige Anhaltspunkte für die Annahme, dass eine vegetative Aktivierung, möglicherweise verbunden mit dem Gefühl von Unbehagen und Beklommenheit in Gegenwart eines Körperbehinderten, sich nicht im verbalen Interaktionsverhalten gegenüber einem körperbehinderten Gesprächspartner niederschlägt. Weitgehend unabhängig von der erhöhten Aktivierung scheint das verbale Verhalten Nichtbehinderter gegenüber einem körperbehinderten Interaktionspartner, stärker als durch ein vegetatives Arousal, durch normative Einflussfaktoren geprägt und an den sozialen Erwartungen in der Situation orientiert zu sein." (Tröster 1988, S. 40).

Daher sehen einige Autoren in der Erfassung der originären Reaktionen einen direkten Zugang zur Erfassung der affektiven Komponente von Einstellungen gegenüber Behinderten. Psychophysiologische Reaktionen Nichtbehinderter bei der Begegnung mit Behinderten werden als Indikatoren der Angst, als Ausdruck von Stress und Spannung oder als Zeichen einer allgemeinen emotionalen Erregung betrachtet. Da diese Reaktionen keiner bewussten Kontrolle unterliegen und weitgehend unbeeinflussbar sind, werden sie von mehreren Autoren als direkterer Zugang zur Erfassung der affektiven Komponente der Einstellungen gegenüber Behinderten angesehen (vgl. a.a.O., S. 37).

---

der Kontrollsituation, was als Zeichen von Erregtheit und Abwehr zu werten ist (1976, S. 72).

[51] Jansen 1976, S. 115. Der Terminus ‚originäre Reaktionen' im Gegensatz zu ‚überformten Reaktionen' wird von Jansen in diesem Zusammenhang verwendet und wird in der vorliegenden Arbeit übernommen. ‚Überformte Reaktionen' werden als Resultat gesellschaftlicher Sozialisationsprozesse angesehen und ersetzen die durch soziale Normen modifizierten ‚originären Reaktionen' (Jansen 1976, S. 127).

Zur Erklärung dieser Befunde existieren zahlreiche Hypothesen. Tröster verweist auf folgende zwei Erklärungen: Zum einen werden originäre Reaktionen auf neurophysiologisch begründete Furchtreaktionen zurückgeführt. Demnach kommt es zu Furchtreaktionen, wenn gewohnte und ungewohnte, inkompatible Wahrnehmungsprozesse gleichzeitig hervorgerufen werden. Der Körperbehinderte wird einerseits als gewohntes, weil menschliches Objekt wahrgenommen und löst habituelle Wahrnehmungsprozesse aus. Andererseits wird die Behinderung als ungewohnter, fremdartiger Aspekt registriert, der inkompatible Wahrnehmungsprozesse hervorruft. Durch diese widersprüchlichen Wahrnehmungsprozesse werden die habituellen Muster neurophysiologischer Aktivität gestört und Furchtreaktionen hervorgerufen (vgl. Tröster 1988, S. 39).

Eine andere Erklärung betrachtet Angst vor einer Verletzung der eigenen physischen Integrität als Quelle der Spannung und des Unbehagens Nichtbehinderter bei der Begegnung mit Behinderten. Die Körperbehinderung wird als Bedrohung des eigenen Körperschemas wahrgenommen und löst die Angst vor der Verletzung des eigenen Körpers aus; aktiviert für manche Autoren gar eine latent vorhandene Kastrationsangst (vgl. a.a.O., S. 40).

Für die vorliegende Arbeit sind diese sozialpsychologischen Ergebnisse von zentraler Bedeutung, da die Kenntnis von ihnen für eine abschließende soziologische Erklärung tatsächlicher Verhaltensweisen notwendig ist.

Die Tendenz zur Interaktionsvermeidung

Die Ambivalenz von erwünschtem Verhalten und originären Reaktionen erzeugt Interaktionsspannungen, geprägt durch Starrheit, Spannung, Stress, Angst und Unbehagen. Die Interaktion ist damit von Beginn an eine, durch das körperliche Merkmal des Behinderten geprägte ‚pathologische' Situation (vgl. Goffman 1967, S. 29).

Eine Untersuchung von Jansen bestätigt die Dominanz von Spannung und Verhaltensunsicherheit, in der neunzig Prozent der Befragten der Behauptung zustimmten:

> „Manche Leute wissen nicht, wie sie sich einem Körperbehinderten gegenüber zu verhalten haben." (Jansen 1976, S. 93).

Tröster diagnostiziert ein „beiderseitiges Unbehagen, eine mehr oder weniger kaschierte Verlegenheit und eine unterschwellige Beklommenheit", die in weitem Umfang erstmalige Begegnungen zwischen Behinderten und Nichtbehinderten kennzeichnen (Tröster 1988, S. 4f).

Da Begegnungen mit einem Behinderten für Nichtbehinderte, die in keinem beruflichen oder privaten Kontakt zu Behinderten stehen, selten sind, fehlen Interaktionserfahrungen, an denen Nichtbehinderte ihr Verhalten orientieren könnten. Diese Verhaltensunsicherheit wird von zahlreichen Behinderten beobachtet. Typisch für Personen mit Dysmelieschäden ist beispielsweise das Problem des Handgebens, denn der Nichtbehinderte handelt der Norm entsprechend und reicht seine Hand zum Gruß, worauf der Interaktionspartner mit missgebildeten Armen nicht angemessen reagieren kann.[52]

Das Fehlen von Verhaltensnormen als Erklärung für Verhaltensunsicherheit und Interaktionsspannungen ermöglicht einen erneuten Verweis auf die Präferenz des Begriffes 'Verhalten' anstelle des Begriffes 'Handeln': Denn durch das Faktum der Körperbehinderung wird die 'Definition der Situation' als Grundlage sozialen Handelns im Sinne Webers, beziehungsweise sozialer Interaktion, erschwert. Die Situation bleibt weitgehend unstrukturiert, denn der Behinderte ist insofern ein 'Fremder', als dass eine klare Vorstellung über die soziale Identität des Körperbehinderten fehlt. Damit wird die Körperbehinderung selbst zum einzigen und beherrschenden Anhaltspunkt, weshalb eine zwanghafte Orientierung an vagen Stereotypen über beispielsweise 'Rollstuhlfahrer' erfolgt, um der Hilflosigkeit und Verlegenheit der Situation zu entgehen (vgl. Cloerkes 1980, S. 422). Sidney Jordan bewertet dies folgendermaßen:

> „Dies liegt a) an dem Mangel an Verständnis von Seiten der Personen, die die Behinderung selbst nicht haben und daher die Folgen und Einschränkungen aufgrund dieser Behinderung nicht begreifen, und b) daran, daß die Behinderung so gesehen wird, als breite sie sich über die ganze Persönlichkeit aus und bestimme deren Verhalten. Das bedeutet, daß die Reaktionen behinderten Personen gegenüber nicht der Person, sondern der Behinderung gelten."(Jordan, zit. nach Jansen 1976, S. 24).

Aufgrund der Kenntnis über psychophysische Reaktionen sowie über die darin wurzelnde Verhaltensunsicherheit ist anzunehmen, dass Interaktionen mit körperbehinderten Personen als unangenehme Situationen empfunden und daher nach Möglichkeit vermieden werden. Diese Vermeidungstendenzen kommen vornehmlich im nonverbalen Verhalten zum Ausdruck. Die Meidung der räumlichen Nähe, die Bevorzugung einer weniger direkten Orientierung sowie ein reduzierter Blickkontakt können als Hinweise darauf gewertet werden. Dies bestätigen Untersuchungen, die auf eine Tendenz nichtbehinderter Personen verweisen, Interaktionen mit Kör-

---

[52] vgl. Cloerkes 1980, S. 420f. 'Dysmelie' bezeichnet die Folgen der Conterganeinnahme schwangerer Frauen für das Ungeborene. Der Wirkstoff Contergan, als Schlafmittel eingenommen, verkrüppelt die Gliedmaßen der Ungeborenen.

perbehinderten nach Möglichkeit zu vermeiden (vgl. Cloerkes 1980, S. 425 sowie Tröster 1988, S. 45). Drei Beispiele sollen die Tendenz, Interaktionen mit Behinderten zu vermeiden, verdeutlichen:

Es besteht eine eindeutige Interaktionspräferenz gegenüber Nichtbehinderten. In der Interaktion mit einem als abweichend definierten Gesprächspartner wurde signifikant weniger gesprochen, die Versuchspersonen gaben weniger Kommunikationsanstöße als in der Situation mit einem ebenfalls Nichtbehinderten. Bei einer Interaktion mit einem Nichtbehinderten und einem Körperbehinderten sowie seinem Begleiter wurde in der Hälfte der Fälle ausschließlich die nichtbehinderte Begleitperson angesprochen. Ein Beispiel bietet ein Experiment, bei dem eine nichtbehinderte Begleitperson und ein Blinder in einem Kaufhaus ein Hemd für den Blinden kaufen wollen. Durch teilnehmende Beobachtung konnte erfasst werden, dass in der Hälfte aller Fälle ausschließlich mit der nichtbehinderten Begleitperson interagiert wurde (vgl. a.a.O., S. 431). Durch Fixierung auf die nichtbehinderte Begleitperson konnte direkter Blickkontakt vermieden werden, indem sich die Versuchsperson nicht direkt der behinderten Person zuwenden musste, sondern sich an der Begleitperson orientieren konnte, welche die Möglichkeit bot, der direkten Interaktion mit Körperbehinderung auszuweichen.

Die Verweigerung von Hilfe deutet auf eine Meidung räumlicher Nähe und stellt eine Sonderform der Interaktionsvermeidung dar. Verschiedene Untersuchungen haben sich mit der Hilfsbereitschaft Nichtbehinderter gegenüber Körperbehinderten beschäftigt. Dabei ergab sich, dass die Hilfsbereitschaft mit steigendem Schweregrad der Funktionsbeeinträchtigung abnimmt. In einem Experiment ließen verschiedene körperbehinderte Versuchsperson in einem Kaufhaus einen Stapel Briefumschläge fallen. Eine trug eine Bandage an der Hand, eine andere eine Augenklappe, eine dritte war durch eine Gesichtsentstellung als behindert gekennzeichnet. Der Person mit der bandagierten Hand wurde die größte Hilfsbereitschaft zuteil, während der Person mit der Gesichtsentstellung trotz Bitte um Hilfe am wenigsten Hilfe angeboten wurde (vgl. a.a.O., S. 437). Cloerkes erklärt diese Differenz mit der Vertrautheit der Situation. Eine Verletzung an der Hand stellt ein vertrautes Bild dar, da viele bereits selbst in ähnlichen Situationen waren. Daher sind die Verhaltensnormen eindeutig und ohne Schwierigkeiten durchführbar, während ein Entstellter einen seltenen Anblick darstellt und daher die Definition der Situation erschwert. Eine weitere Ursache für die verweigerte Hilfe kann aufgrund der Kenntnis über die Einflussfaktoren auf Verhalten in der eingeschränkten Ästhetik aufgrund der Entstellung vermutet werden.

Die Meidung räumlicher Nähe sowie das Bestreben, Blickkontakt zu vermeiden, verdeutlicht das folgende Beispiel: Jansen berichtet von

Schwimmbadbetreibern, die Körperbehinderten den Zugang verwehrten. 21 Prozent gaben als Begründung an, dass sie den Gesunden den Anblick ersparen wollten, sechs Prozent fürchteten die Ansteckungsgefahr und 71 Prozent suchten Zuflucht in der Rationalisierung, indem sie angaben, den Körperbehinderten würde so Scham erspart (vgl. Jansen 1976, S. 87). Der Anblick körperbehinderter Personen wird nach Möglichkeit also ebenso vermieden wie direkter Körperkontakt.

Typische Reaktionsformen Nichtbehinderter auf Körperbehinderte

Anstarren: Als grundlegende Reaktionsform wird die Fixierung des Nichtbehinderten auf das Merkmal der körperlichen Behinderung erwähnt. Insbesondere Erfahrungsberichte Behinderter, die Cloerkes zusammenfassend als unangenehmste Erfahrungen überhaupt darstellt, zeugen von ,Spießrutenlaufen', von ,Glotzereien', ,Starren und Tuscheln', ,Anstarren' und ,dummen Blicken'. Aiga Seywald unterstellt jedoch eher Kindern diese originäre Form von Neugier als Ausdruck kindlicher Unbefangenheit und stellen dem erwachsenes Verhalten gegenüber, das die Behinderung als irrelevant zu übergehen versucht (vgl. Seywald 1978, S. 103).

Ansprechen und taktlose Fragen: Für Goffman bedeutet das Nichtbeachten der Behinderung jedoch keine ausschließliche Reaktionsform. Ebenso weist er auf Formen unbeherrschter Neugier hin, aufgrund welcher Erwachsene behinderte Personen mit taktlosen Fragen ansprechen (vgl. Goffman 1967, S. 26f.). Solche Erfahrungen präsentiert auch Klee, dem Behinderte berichteten, dass sie immer wieder von wildfremden Menschen geduzt werden, was nach den anerkannten Interaktionsregeln nur bei Personen mit geringem sozialen Status üblich ist (vgl. Klee 1976, S. 123f.). Cloerkes berichtet von Fallbeispielen, in denen neben neugierigen Fragen auch unvermittelte Berührung der körperlichen Missbildung oder diskriminierende Äußerungen stattfanden, wobei die Äußerungen häufig nicht direkt an die Behinderten adressiert waren, sondern gegenüber Angehörigen formuliert wurden (vgl. Cloerkes 1980, S. 445).

Diskriminierende Äußerungen: Die Wahl der Sprache unterscheidet sich gegenüber Körperbehinderten häufig insofern, dass sie im Neutrum thematisiert oder gar angesprochen werden. Ihnen wird dadurch nicht nur eine niedrigere soziale Position zugesprochen, sondern sie werden auch als geschlechtslose Wesen betrachtet. Behindertenwitze und Verspottungen sind ebenfalls dieser Kategorie zuzuordnen.

Aggression und Vernichtungstendenzen: Als eindeutiges Beispiel für offene Aggression und Vernichtungsgedanken präsentiert Cloerkes folgendes Fallbeispiel:

„Als Martin noch im Kinderwagen lag, fuhr ich ihn eines Nachmittags spazieren. Auf einer Parkbank saß eine Frau, so Ende Sechzig. Wir kamen ins Gespräch, übers Wetter und was man so redet. Sie guckt in den Wagen, schlägt ungeniert die Decke zurück und sieht, was mit Martin los ist. Die Frau kriegt plötzlich schmale Augen und sagt zu mir: Das wäre unter Adolf Hitler nicht möglich gewesen. Solche Kinder hätte man damals nicht leben lassen."(Der Stern, zit. nach Cloerkes 1980, S. 454).

Äußerungen von Mitleid: Befragungen körperbehinderter Personen ergaben, dass Mitleid zu den häufigsten Erfahrungen in der Interaktion mit Nichtbehinderten gehört, wobei die Neigung zu mitfühlenden Äußerungen gegenüber körperbehinderten Kindern noch stärker ausfällt (vgl. a.a.O., S. 457). Die nahen Verwandten werden in mitfühlende Kommentare ebenso häufig miteinbezogen wie in negative Äußerungen. So schreibt eine Mutter:

„Ich kam damals [...] mit Martin aus der Klinik nach Hause. Wir gingen die Treppe hoch. Eine Nachbarin machte die Tür auf, sah mich freundlich an und sagte: ‚Ich will Ihnen aber trotzdem gratulieren.' Da wußte ich, was mich von nun an erwarten würde. Gegen Mitleid können sie nichts machen; dem sind sie ausgeliefert."(Der Stern, zit. nach Cloerkes 1980, S. 459).

Aufgedrängte Hilfe: Körperbehinderung bedeutet offensichtliche, funktionale Beeinträchtigung. Das Anbieten von Hilfe ist daher eine häufig auftretende soziale Reaktion. Die Erwünschtheit solcher Hilfeleistungen hängt für den Körperbehinderten vom Informationsstand der Nichtbehinderten ab. Nach Aussagen körperbehinderter Menschen werden solche Angebote oft nicht als hilfreich empfunden, sondern verstärken das Gefühl des Unbehagens, der Degradierung auf das Behinderungsmerkmal sowie des Missbrauchs zur Entlastung unbewusster Schuldgefühle und Verhaltensunsicherheit. Indem durch das Angebot von Hilfestellung die Interaktion ausschließlich auf das Behinderungsmerkmal reduziert wird, wird das Bemühen des Behinderten um ‚Normalität' unterminiert, sein Status infrage gestellt (vgl. a.a.O., S. 460). Letztlich entscheidend für die Wirkung auf das behinderte Individuum ist also die Art der Hilfe, denn Rollstuhlfahrer beispielsweise sind in zahlreichen Situationen auf Hilfsangebote angewiesen. Notwendige, nicht aufdringliche aber effektive Hilfe wird Befragungen Behinderter zufolge in der Regel auch bejaht (vgl. a.a.O., S. 460).

Unpersönliche Hilfe: Hilfe erfolgt ebenfalls in unpersönlicher Form durch materielle Zuwendungen. Diese Form der Hilfeleistung wird von Nichtbehinderten eindeutig bevorzugt. In einer Studie von Jansen sprachen sich 65 Prozent der Befragten für materielle Hilfe in Form von Spenden, Geld sammeln oder Abkaufen der Waren Behinderter aus (vgl. Jansen 1976,

S. 95). Begründet wird das Ausweichen auf unpersönliche Hilfe mit Hinweisen auf die größere Kompetenz anderer, in der Behindertenarbeit engagierter Personen:

> „Natürlich sollte man helfen, aber das kann man im Grunde doch nur machen, indem man Geld spendet. [...] Außerdem gibt es Leute, die dafür verantwortlich sind, und die mit den Missgebildeten besser, d.h. geschulter umgehen können als man selbst." (a.a.O., S. 120).

Irrelevanzregel: Die Regeln sozialer Beziehungen verlangen, dass sich die Teilnehmer an einer offenen und strukturierten Interaktion der Gesamtpersönlichkeit des Gegenübers zuwenden und kein ausschließliches und dominierendes Interesse an einzelnen Attributen der Interaktionspartner zeigen. Insbesondere bezüglich Eigenschaften und Merkmalen, die für den Merkmalsträger diskreditierend sind, besteht eine unausgesprochene Übereinkunft der Nichtbeachtung. Interaktionspartner verhalten sich dementsprechend gegenüber Behinderten, als existiere deren funktionale Beeinträchtigung nicht.[53]

Die ‚Weisen': Für Goffman stellen die ‚Weisen' eine besondere Kategorie dar, denn sie erlebten beispielsweise selbst Stigmatisierungen oder sind beruflich in ständigem persönlichen Kontakt zu Stigmatisierten. Daher sind sie mit den Erfahrungen der Stigmatisierten vertraut. Der Ausgangspunkt für die Interaktionen ist ein anderer, denn vor diesen Personen müssen Stigmatisierte weder Scham empfinden noch Selbstkontrolle ausüben, weshalb es in dieser Konstellation aufgrund des nicht stigmatisierenden Verhaltens der ‚Weisen' oft zu einem Prozess der sozialen Bestätigung des Stigmatisierten kommt.[54]

Soziale Reaktionsweisen werden in der gesichteten Literatur einstimmig als soziales Problem kritisiert, das darin wurzelt, dass Körperbehinderte durch die soziale Reaktionen Nichtbehinderter keine oder nur eine

---

[53] Zur Irrelevanzregel vgl. Cloerkes 1997, S. 81; Klee 1980, S. 216ff; Seywald 1978, S. 90f. /S. 93ff; Tröster 1988, S. 14f.

[54] Goffman 1967, S. 40ff. Die Kategorie der ‚Weisen' stellt eine Gruppe dar, die nicht Thema der vorliegenden Arbeit ist. Ihre Reaktionen auf Körperbehinderte unterscheiden sich von den hier aufgezeigten Reaktionen. Gemeint sind mit dieser Kategorie Menschen, die durch ihre Berufsausübung eine intime Kenntnis von Verhaltensweisen der Stigmatisierten gewonnen haben oder die durch die soziale Struktur mit dem Stigmatisierten verbunden sind und sich in Interaktionen weniger diskriminierend verhalten. Diese Arbeit betrachtet jedoch explizit soziale Reaktionen Nichtbehinderter, die eben nicht dieser Kategorie zuzuordnen sind. Trotzdem soll hier auf diese Möglichkeit sozialer Reaktionen hingewiesen werden, da anzunehmen ist, dass soziale Reaktionen in der Art der ‚Weisen' durchaus möglich sind, auch wenn die gesichtete Literatur diesbezüglich keinen Hinweis gibt.

scheinbare Akzeptanz und Gleichwertung erfahren.[55] Während dabei in der Sozialpsychologie der Begriff ‚Vorurteil' Ausgangspunkt einer Analyse darstellt, wird in der Soziologie in diesem Zusammenhang von ‚Stigma' gesprochen. Die Definitionskriterien sind bei beiden jedoch die Gleichen. ‚Vorurteile' meinen ebenso wie ‚Stigmata' immer einen negativen Bedeutungszusammenhang. Der Inhalt ist stets affektiv geladen und besitzt die Tendenz, das Merkmal auf die ganze Person zu generalisieren (vgl. Cloerkes 1997, S. 147).

---

[55] vgl. z.B. Cloerkes 1980, S. 464; Klee 1980, S. 18ff; Klingmüller 1993, S. 102; Seywald 1978, S. 7. Für Goffman (1967, S. 7) ist ein Stigma „die Situation des Individuums, das von vollständiger sozialer Akzeptierung ausgeschlossen ist."

TEIL III: Zur Entstehung sozialer Reaktionen gegenüber Körperbehinderten

Einleitend zum abschließenden Teil wird das Gedicht von Christian Fürchtegott Gellert über Reaktionen auf Andersartigkeiten vorgestellt:

Vor Zeiten gab's ein kleines Land,
worin man keinen Menschen fand,
der nicht gestottert, wenn er redte,
Nicht, wenn er gieng, gehinket hätte,
Denn beydes hielt man für galant.
Ein Fremder sah den Uebelstand,
hier, dacht' er, wird man dich
im gehn bewundern müssen,
und gieng einher mit steifen Füßen.

Er gieng, ein jeder sah ihn an,
und alle lachten, die ihn sahn,
und jeder blieb vor Lachen stehen,
Und schrie: Lehrt doch den Fremden gehen!
Der Lärmen wird erst recht vermehrt
Da man den Fremden sprechen hört;
Man stammelt nicht? Ei welche Schande!
Man spottet sein im ganzen Lande.

„Das Land der Hinkenden" Christian Fürchtegott Gellert (1780)

Indem der Volksdichter Verhältnisse gewissermaßen seitenverkehrt, also Behinderung als Normalfall und Nichtbehinderung als Anlass für Spott darstellt, gerät der offen und völlig ungeniert ausgeübte Spott über eine Andersartigkeit ins Zentrum der Kritik. Die ‚Lehrgedichte' Gellerts sind stets mit einem moralischen Anspruch belegt, weshalb ‚Das Land der Hinkenden' als Aufforderung zu einem anderen Verhalten aufgefasst werden kann und als Veranschaulichung der folgenden Argumentation geeignet ist.

In einem ersten Teil wurde eine Annäherung an den Begriff der Behinderung unternommen. Dabei lag der Schwerpunkt darauf, aufzuzeigen, dass Behinderung in der Soziologie über eine Abweichung von der Norm definiert wird und sich in sozialen Reaktionen ausdrückt.

Eine einheitliche universale Definition von Behinderung existiert nicht. Wissenschaftliche Definitionen weichen je nach Fachgebiet in ihrer Ausrichtung nicht nur voneinander ab, sondern ebenfalls von Laiendefinitionen oder von dem Selbstverständnis der Behinderten. Auf eine solche Begriffsvielfalt hinzuweisen war insofern sinnvoll, um den eigenen Standpunkt deutlich zu machen und die hier verwendete Definition einzuordnen.

Die hier thematisierte Körperbehinderung sollte der Dreiteilung der WHO entsprechen. Der Rollstuhl als ‚Impairment' wurde als augenscheinliches Accessoire von Behinderung als für die Argumentationslinie am günstigsten gewertet. Da durch ihn die Behinderung offensichtlich ist und somit nicht verborgen bleiben kann, ist es sowohl für den Rollstuhlfahrer als auch für den Nichtbehinderten unmöglich, sich dem Behinderungsmerkmal in der direkten Begegnung zu entziehen.

Im zweiten Teil wurden Idealtypen sozialer Reaktionen auf Körperbehinderung betrachtet. Dabei wurde entsprechend der Argumentationslinie herausgearbeitet, dass Einstellungen und Verhaltensweisen Nichtbehinderter gegenüber Körperbehinderten sich immer auf das Merkmal der Funktionsbeeinträchtigung beziehen. Dadurch wird die funktionale Beeinträchtigung in generalisierter Form auf die behinderte Person – und damit auf die Interaktionssituation überhaupt – übertragen. Anders jedoch als in dem Gedicht von Gellert, werden körperbehinderte Menschen in unserer Gesellschaft aufgrund ihrer Andersartigkeit nicht offen ausgelacht und verspottet. Ganz im Gegenteil beweist die Struktur sozialer Reaktionen, dass ‚originäre' Reaktionen prinzipiell unterdrückt werden und in sozial erwünschtes Verhalten umgeformt werden können.

Wie bereits festgestellt, wird die Struktur sozialer Reaktionen davon geprägt, dass der Rollstuhlfahrer den Normen und Wertvorstellungen des Nichtbehinderten nicht entspricht. Da die Existenz von Normen in Goffmans ‚Stigma-Ansatz' eine Grundannahme darstellt, soll dieser im Folgenden zur mikrosoziologischen Interpretation sozialer Reaktionen eingehend betrachtet und auf Rollstuhlfahrer angewendet werden.

Anschließend werden diese soziokulturellen Werte und Normen thematisiert. Zunächst werden wirkende Sozialisationsvariablen beschrieben. Dabei wird herausgearbeitet, dass sowohl ungeschriebene als auch gesetzlich festgelegte Prinzipien der Gleichwertigkeit und des Respekts bestehen, die sich in Verhaltensregeln gegenüber Minderheiten und Benachteiligten ausdrücken. Diese wirken ebenso auf die Interaktionssituation wie die Normen, denen Körperbehinderte aufgrund ihrer funktionalen Beeinträchtigung nicht entsprechen. Da diese Identitätsnormen in den Einstellungen gegenüber Körperbehinderung sichtbar werden, kann darüber anschließend Zugang zu Wertvorstellungen gefunden werden.[56]

Goffmans Stigma-Ansatz erklärt zwar die Struktur sozialer Reaktionen, jedoch bietet er keine gesellschaftstheoretische Interpretation. Daher soll abschließend der Versuch unternommen werden, die aufgezeigten Prozesse sozialer Positionierung Körperbehinderter über die Theorie des Zivilisationsprozesses von Norbert Elias in einen makrosoziologischen Bedeutungszusammenhang einzuordnen.

1. Körperbehinderung als ‚Stigma'

Bei der Analyse von ‚Face-to-face-Kontakten' von Nichtbehinderten und Körperbehinderten wurde deutlich, dass die funktionale Beeinträchtigung für den Nichtbehinderten zum zentralen Identitätsmerkmal des Interaktionspartners wird und die sozialen Reaktionen des Nichtbehinderten den Ablauf der Interaktion wesentlich bestimmen.

Goffman hat sich in seinem Werk ‚Stigma' einer soziologischen Analyse eines solchen ‚Zweirollen-Sozialprozeß' gewidmet.[57] Entsprechend der WHO-Komponente ‚Handicap' werden Behinderungen unter der Stigma-Perspektive primär als das Ergebnis negativer Definitionsprozesse aufgefasst. Ausgangspunkt sind für Goffman gesellschaftlich vorgegebene soziale Kategorien und zugehörige Attribute, nach denen andere Menschen

---

[56] Der Begriff ‚Identitätsnormen' ist von Goffman übernommen, da sich die Normen, die für die soziale Reaktion relevant sind, auf die Identität des Körperbehinderten beziehen, also auf sein unveränderliches ‚Stigma'.

[57] Für die Argumentationsstruktur dieser Arbeit stellt Goffman einen gewinnbringenden Beitrag bereit. Die exemplarische Ausführung seiner Theorie in dem 1963 in den USA erschienenen Band ‚Stigma' gilt inzwischen auch als Klassiker der Behindertensoziologie. Goffman hat sich in seinen dreißig Jahre andauernden soziologischen Auseinandersetzungen der Analyse von Interaktionen gewidmet. Seine Untersuchungen thematisieren Ereignisse der alltäglichen Interaktionen und Begegnungen. Ihn interessiert die situative Anwendung von Erfahrungsschemata, also die Regelhaftigkeit von Interaktionen und die damit verbundene inhaltliche Ausgestaltung einer Situation. Dieser Perspektive widmet er sich in ‚Stigma' ausführlich, indem er sich darin mit den Folgen negativer Definitionsprozesse von Abweichung für die Identitätsentwicklung Betroffener sowie den darin wurzelnden „Techniken der Bewältigung einer beschädigten Identität" auseinandersetzt (vgl. Hettlage 2000, S. 188ff).

von uns klassifiziert werden. Aus den Klassifizierungen leiten wir normative Erwartungen ab, indem wir bestimmte Charakterzüge unterstellen.[58] Damit begegnen wir jedem Menschen mit einer Vorannahme über dessen soziale Identität und setzen diese in Beziehung zu den einzelnen Attributen, die in einer direkten Begegnung vorgefunden werden. Von diesen Attributen machen wir direkte Rückschlüsse auf die ,aktuale soziale Identität'.[59]

Damit bestätigt Goffman die hier verwendete Definition von Körperbehinderung, nach der diesen eine spezifische, auf das Behinderungsmerkmal ausgerichtete Rolle zugeschrieben wird, die mit normativen Erwartungen verknüpft ist. Bezüglich der hier betrachteten Behinderungsform bedeutet dies, dass der Rollstuhl in der direkten Begegnung wahrgenommen wird, der Nichtbehinderte in der Interaktion explizit auf einen Rollstuhlfahrer reagiert und damit die Behinderung auf den Menschen generalisiert wird.

Im Folgenden soll zuerst ein Einblick in Goffmans Denken gegeben werden, um in einem zweiten Argumentationsschritt seine Ausführungen zu Stigma als eine Erklärung für soziale Reaktionen nutzbar zu machen.

Goffman und die Interaktionsordnung

Goffman unterstellt dem Handelnden neben der Erfahrung der Situations- und Kommunikationsgebundenheit im Prozess der Interaktion eine grundsätzliche Erfahrung von Fremdheit im Simmel'schen Sinn. Situationen sind prinzipiell ergebnisoffen und damit von der Gestaltung, der ,Definition der Situation' durch die Beteiligten abhängig. Das Zusammentreffen mit anderen enthält also eine riskante und bedrohliche Komponente, indem die Erwartungen an die Situation von der Regelhaftigkeit der Handlungen der Beteiligten abhängt. Indem die Handlungen der Interaktionspartner in jeder neuen Situation unabhängig der physischen, emotionalen oder intellektuellen Nähe notwendig fremd sind, überträgt Goffman die Wechselwirkung und Doppeldeutigkeit des Fremden auf Begegnungssituationen generell (vgl. Hettlage 2000, S. 191f.).

Zwar werden diese alltagsweltlichen Begegnungssituationen über habitualisierte soziale Regulierungen bewältigt, jedoch bleibt ein Rest von Unbestimmtheit bestehen, da Interaktionspartner keinen direkten Zugang zur

---

[58] In einer Studie zu Einstellungen Nichtbehinderter gegenüber Körperbehinderten bezeichnen mehr als Vierzig Prozent der Befragten Körperbehinderte als misstrauisch, in sich gekehrt, selbstmitleidig, voreingenommen (vgl. Jansen 1976, S. 50).

[59] Klingmüller (1993, S. 103) übernimmt von Goffman die absichtliche Verwendung von ,wir', da zwischen dem Verhalten von Wissenschaftlern, anderen Personen und Personen mit einem stigmatisierbaren Attribut kein kategorischer Unterschied besteht.

‚andermenschlichen' Erfahrung haben können. Schlussfolgerungen, die aus Zeichen und Ausdrucksformen des Anderen gezogen werden, bleiben dabei immer irrtumsbehaftet und vorläufig. Daher ist eine Übereinkunft über das Einhalten eines Ordnungsschemas menschlicher Interaktion von zentraler, leitender Bedeutung (vgl. a.a.O., S. 192).

Diese gemeinsame Definition der Situation ist geprägt von Aufmerksamkeit bezüglich der Aktivitäten des Gegenübers, die sämtlich in die Definition mit einbezogen werden. Insbesondere in zentrierten Begegnungen, also konkreten Interaktionen, verhindern Regelverstöße unmittelbar eine Definition und damit jede Form von Interaktion, die den Erwartungen entsprechen kann. In der unzentrierten Begegnung, also der bloßen Anwesenheit in demselben Raum, ist Teilnahme in angemessener Weise ebenso erfordert, wenn auch in der konkreten Kommunikation ein Gleichgewicht zwischen Engagement, Disengagement und Übereifer ungleich komplexer zu bewältigen ist (vgl. a.a.O., S. 192f.).

Orientierungssysteme bestehen aus verpflichtenden und erwarteten Regeln, die Leitlinien für praktische Probleme der Alltagsinteraktion darstellen und zugleich als Zwänge diesen Alltag unbemerkt strukturieren, der ohne sie chaotisch wäre. Damit die Interaktion stattfinden kann, bedarf es also gemeinsamer Definitions- und Organisationselemente für deren Verlauf (vgl. a.a.O., S. 193).

Goffman unterscheidet zwischen substantiellen Regeln, die ihre Bedeutung in sich tragen und zeremoniellen Regeln, die als vertrauensbildende Rituale zum Erhalt der Interaktion beitragen. Diese Regeln können symmetrisch angelegt sein, oder asymmetrisch, also für beide oder nur für einen Interaktionspartner verpflichtend sein. Regeln sind praktische Kenntnisse und flexible Codes, wie man in direkten Begegnungen situationsangemessen, engagiert und für andere zugänglich, verfährt. Ein Zeremonialcode, der von Goffman intensiv beleuchtet wird, ist der sogenannte ‚deference', der Achtung vor dem Anderen und damit verbunden Vermeidungshaltungen gegenüber Diskreditierbarem gebietet (vgl. a.a.O., S. 193).

Die Habitualisierung von Regelsystemen kann als ein lebenslanger Prozess verstanden werden, denn jede Begegnung verlangt Verständigungsarbeit über unterschiedliche Relevanzen, Deutungen und Entwürfe. Regeln sind also ebenso wie die Interaktionsinhalte nur in ihrem Kontext verständlich. Goffman spricht hier von ‚Rahmen' als Definitionsgestalt einer Situation, ohne die Handlungen unbestimmbar sind. Alle Ereignisbestimmungen, unausgesprochenen Informationen und Welterfahrungen, die einzuordnen erlauben, was innerhalb und was außerhalb einer Interaktion stattfindet, bilden den Rahmen. Damit besitzt jede Situation vielfältige Wirklichkeiten, über die eine Verständigung notwendig wird. Gelingt die Verständigung, kann Interaktion stattfinden (vgl. Hettlage 2000, S. 194f.).

> „Ein Individuum, das leicht in gewöhnlichen sozialen Verkehr hätte aufgenommen werden können, besitzt ein Merkmal, das sich der Aufmerksamkeit aufdrängen und bewirken kann, daß wir uns bei der Begegnung mit diesem Individuum von ihm abwenden.[...] Es hat ein Stigma, das heißt, es ist in unerwünschter Weise anders, als wir es antizipiert hatten." /Goffman 1967, S. 13).

Damit verstärkt sich die grundsätzliche Erfahrung der Fremdheit in der direkten Begegnung mit einem Rollstuhlfahrer, da der Zugang zur ‚andermenschlichen' Erfahrung aufgrund des Rollstuhls erschwert wird und die Regeln für den Verlauf von Interaktionen erschüttert sind. Denn für den Nichtbehinderten bedeutet die Begegnung mit einem Rollstuhlfahrer, dass sein Orientierungssystem hier nicht wie gewohnt angewendet werden kann. Also ist der Nichtbehinderte in der Interaktion mit dem Rollstuhlfahrer verunsichert. Allein schon die niedrigere Sitzposition des Rollstuhlfahrers bedeutet eine ungewohnte und unangenehme Gesprächsbedingung. Denn die Interaktion mit einem Sitzenden bedeutet, dass der Nichtbehinderte von oben auf seinen Interaktionspartner schauen muss. In der Interaktion mit Kindern oder alten Menschen wird dies als selbstverständlich hingenommen, jedoch in der Begegnung mit einem prinzipiell Statusgleichen, da ebenfalls Erwachsenen, verunsichert dessen niedrige Sitzposition.[60] Der Erfahrungsbericht eines Rollstuhlfahrers veranschaulicht dies:

> „Ich glaube, man wirkt nicht so vollwertig, wenn man sitzt, als wenn man steht...das Repräsentieren der eigenen Person, das fehlt halt...daß man sitzt und nicht steht, das nimmt das Gesamtbild weg."(zit. nach Hutzler 1986, S. ii).

Vergleichbar kann die Begrüßungsregel des Händeschüttelns bei Interaktionen mit einem Dysmeliegeschädigten nicht ausgeführt werden, wodurch der Nichtbehinderte spontan eine adäquate Alternative finden muss. Der Nichtbehinderte steht also vor der Schwierigkeit, originäre Reaktionen zu unterdrücken und gleichzeitig eine Verhaltensweise zu präsentieren, die den Zeremonialcode ‚deference' berücksichtigt.

Ablaufende Face-to-face-Interaktionen werden also durch die Aufdringlichkeit des Stigmas strukturiert. Diese besteht in der offensichtlichen Diskrepanz zwischen virtualer und aktualer sozialer Identität, also dem Abweichen des Körperbehinderten von sozialen Normen.[61] Goffman schreibt

---

[60] Nach Homans kann alles, was ein Individuum von anderen Individuen unterscheidet, zu einem Statusfaktor werden (vgl. Seywald 1978, S. 81). Dementsprechend wirkt Körperbehinderung als niedriger Statusfaktor, was soziale Reaktionen beweisen.
[61] Die ‚virtuale soziale Identität' bezeichnet die normativen Erwartungen, die als antizipierte Vorstellungen von Identität an das Individuum gestellt werden. Die ‚aktuale sozi-

den Normen nicht nur in Interaktionen einen zentralen Stellenwert zu. Er sieht die Orientierung aller Gesellschaftsmitglieder auf einen einheitlichen Satz normativer Erwartungen als eine notwendige Bedingung des Funktionierens des sozialen Lebens an. Dabei beziehen sich die hier relevanten Normen auf die Identität einer Person, weshalb sie nicht durch die Absicht des Individuums geändert werden können. Es handelt sich also um identitätsbezogene Normenprobleme in ihrer ganzen Bandbreite, die für alle Mitglieder einer Gesellschaft wesentlich sind. Prinzipiell kann jedes Attribut zu einem Stigma werden, was bedeutet, dass es für jeden bestimmte Situationen gibt, in denen er ein Attribut besitzt, das die Akzeptanz bedroht. Für die hier gewählte Perspektive auf den Rollstuhlfahrer stellt das Behinderungsmerkmal jedoch ein manifest sichtbares Stigma dar. Das Stigma-Attribut hat sich zu einer Typisierung verfestigt und ist damit eine Information, die in jeder direkten Begegnung relevant wird.[62]

Da die Normen, auf deren Basis wir unserem Gegenüber begegnen, vom Einzelnen nicht manipulierbar sind, erzeugen sie Abweichungen und Konformitäten. Bei Rollstuhlfahrern ist offensichtlich, dass sie die Normen nicht vollständig erfüllen können. Weiterhin werden Körperbehinderungen in der Interaktion wohl eher zum defektiven Stigma, da die Zuschreibung der Andersartigkeit nicht dem Individuum angelastet werden kann (vgl. Thimm/Wieland 1983, S. 441).

Dementsprechend bedeutet die Normenverletzung des Rollstuhlfahrers nicht automatisch, dass dieser die Normen nicht anerkennt. Für Goffman besteht daher die Möglichkeit einer unausgesprochenen Kooperation zwischen den Nichtbehinderten und den Rollstuhlfahrern: Indem der Nichtbehinderte akzeptiert, dass der Körperbehinderte die Normen nicht erfüllen kann und der Rollstuhlfahrer wiederum die Geltung der Normen akzeptiert, wird ein Festhalten an den Normen möglich, wird das Orientierungssystem nicht infrage gestellt.

Die unerwartete direkte Begegnung mit einem Körperbehinderten und die damit erforderliche Definition der Situation besitzt also einen Prozesscharakter, indem der Konsens über einen einheitlichen Satz normativer Erwartungen in der Interaktion gefunden werden muss. Damit zeigt die Abweichung von der Norm, welchen zentralen Stellenwert Normen für das Funktionieren von Interaktionen einnehmen. In der Konfrontation mit Ab-

---

ale Identität' bezieht sich auf „die Attribute, deren Besitz dem Individuum tatsächlich bewiesen werden" (Goffman 1967, S. 10).

[62] Diese Informationen besitzen nach Goffman folgende Charakteristika: Sie beziehen sich auf ein bestimmtes Individuum, geben Auskunft über mehr oder weniger bleibende Charakteristika, werden passiv vom betreffenden Individuum abgegeben und sind durch den Körper oder durch materielle Beifügungen wie Kleidung symbolisiert.(vgl. Klingmüller 1990, S. 96)

weichung werden diese Orientierungsmuster erst bewusst. Goffman schreibt dazu:

> „Wir stützen uns auf diese Antizipationen, die wir haben, indem wir sie in normative Erwartungen umwandeln, in rechtmäßig gestellte Anforderungen. Es ist typisch, daß wir uns nicht bewußt werden, diese Forderungen gestellt zu haben, auch nicht bewußt werden, was sie sind, bis eine akute Frage auftaucht, ob sie erfüllt werden oder nicht. Zu diesem Zeitpunkt bemerken wir wahrscheinlich, daß wir immerzu bestimmte Annahmen darüber gemacht hatten, was unser Gegenüber sein sollte."(Goffman 1967, S. 10).

2. Sozialisationsvariablen

In einer Gesellschaft existieren bestimmte Regeln für die Akzeptanz beziehungsweise Nichtakzeptanz von Eigenschaften, Handlungs- und Verhaltensweisen. Normen, die in einer Gesellschaft anerkannt sind, können zum Beispiel durch Rechtsprechung fixiert und bekräftigt werden, jedoch existieren daneben zahlreiche ungeschriebene Gebote, die von den einzelnen Menschen als mehr oder weniger verbindlich angesehen werden. So beschreibt Cloerkes Normen als „generalisierte Verhaltenserwartungen von unterschiedlicher Verbindlichkeit" (Cloerkes 1997, S. 136).

Diese Normen und Werte dienen der Strukturierung des gesellschaftlichen Gefüges und der Orientierung des Einzelnen in seiner Umwelt. Nach einer Grundannahme der Theorie des Symbolischen Interaktionismus geht die Gesellschaft mit ihren Normen und Werten dem Individuum voraus.

Da die Abweichung von diesen Normen und Werten die individuelle und gesellschaftliche Stabilität bedroht, wird bereits in frühester Kindheit eine Gewissheit darüber etabliert, welches die grundlegenden Werte sind und dass ein Verstoß gegen diese Werte negativ sanktioniert wird. Ein Blick in die Entwicklungspsychologie verdeutlicht, dass soziale Reaktionen auf Abweichung sozialisiert sind: Kinder bis etwa zum dritten oder vierten Lebensjahr nähern sich allem Fremdartigen neugierig und unbefangen. Im Alter von Fünf lassen sich dann bereits Vorurteile nachweisen (vgl. Aronson 1994, S. 312f.). So ist auch die soziale Reaktion auf behinderte Menschen erlernt. Cloerkes verweist in diesem Zusammenhang auf drei bedeutende Aspekte (für folgendes vgl. Cloerkes 1997, S. 86f.):

Sozialisationsinhalte: Zum einen werden Werte wie Gesundheit und Leistungsfähigkeit über negative Vorbilder vermittelt, indem körperliche, geistige oder seelische Abweichungen beispielsweise über Märchen oder Kindergeschichten mit ‚böse' und ‚schlecht' assoziiert werden.

Sozialisationspraktiken: Zum Beispiel werden die hohe gesellschaftliche Bewertung von Gesundheit und die entsprechende Abwertung von allem, was mit Krankheit zu tun hat, in sozialem Handeln umgesetzt. Cloerkes schreibt der Erziehungsmethode, Krankheit oder Behinderung als Druckmittel zur Erzielung konformen Verhaltens einzusetzen, die Folge zu, dass Behinderung oder Krankheit als Strafe für nonkonformes Verhalten verinnerlicht und damit den Behinderten und Kranken die Verantwortung zugeschrieben wird. Mit folgenden Beispielen verdeutlicht Cloerkes diesen bekannten Mechanismus: ‚Du wirst dich noch erkälten, wenn du weiter barfuß herumläufst!'; ‚Wenn du so viele Bonbons ißt, fallen dir die Zähne raus!'

Kontinuierliche Verinnerlichung von Stereotypen: In den Medien sieht Cloerkes eine Institution, die in permanenter und allgegenwärtiger Form soziokulturell vorgeprägte Stereotypen präsentiert und damit als entlastender und bestätigender Aufhänger diskriminierende Reaktionstendenzen fördert. Indem vorrangig Idealmenschen die Rolle des ‚guten' Menschen übernehmen und behinderte oder missgestaltete Menschen in der Literatur, auf der Bühne, im Kino und Fernsehen überwiegend als ‚Negativbeispiel' fungieren, werden die sozialisierten Stereotypen in einem ständigen Lernprozess verinnerlicht.[63]

3. Einstellungen gegenüber Körperbehinderung

Zugang zu den Wertvorstellungen Nichtbehinderter, denen Körperbehinderte nicht entsprechen, bieten die Einstellungen gegenüber der physischen Funktionsbeeinträchtigung selbst.

In der Konfrontation mit einem Körperbehinderten provoziert die Vorstellung, selbst von dieser Form von Behinderung betroffen zu sein, originäre Reaktionen. Psychophysische Reaktionen wurden als Ausdruck von Angst gedeutet, da die Konfrontation mit einem Körperbehinderten das eigene Körperkonzept infrage stellt und an die Verletzlichkeit des Körpers erinnert (vgl. Kapitel über psychophysische Reaktionen oder Cloerkes 1997, S. 82). Daher ist die Art der Behinderung relevant für die Bewertung derselben,

---

[63] Leider bleibt Cloerkes' These ohne Argumente, weshalb die Stichhaltigkeit dieser Aussage angezweifelt werden darf. Der Verfasserin kommen spontan Fernsehserien oder Filme in Erinnerung, in denen Körperbehinderte staffelweise als Hauptakteure eingebaut wurden. Die Überlegungen, die sich daran anschließen, sind folgende: Wenn diese Sendungen (z.B. Lindenstraße) den normativen Anspruch erheben, mit ihrer Progressivität Denkprozesse auszulösen, wäre damit Cloerkes These (und gleichzeitig die Argumentation der vorliegenden Arbeit) prinzipiell belegt. Denn die Außergewöhnlichkeit eines körperbehinderten Schauspielers bestätigt die Sozialisationspraktiken.

denn sie bestimmt das Ausmaß der Sichtbarkeit sowie der Funktionsbeeinträchtigung und damit auch die sozialen Folgen.[64]

Einstellungen gegenüber Behinderungen sind in keinem Fall positiv, da Behinderung verstanden wird als eine Funktionsbeeinträchtigung, also als ein Fehlen von etwas. Auf den Rollstuhl übertragen kann die Vermutung formuliert werden, dass der Rollstuhl – eigentlich ein Instrument zur Mobilisierung physisch Geschädigter – insbesondere synonym steht für Beeinträchtigungen in der selbstständigen Lebensführung. Klee verweist zum Beispiel auf die behindertenunfreundliche Infrastruktur in Deutschland (vgl. Klee 1980, S. 218f.): Da Rollstuhlfahrer beim Einstieg in einen Bus oder beim Überwinden von Treppen auf fremde Hilfe angewiesen sind, ist anzunehmen, dass der Rollstuhl von Nichtbehinderten als behinderndes, negatives Instrument wahrgenommen wird. Hutzler bestätigt dies mit seiner Analyse der ,Rollstuhl-Mensch-Interaktion', bei der er zum Beispiel analysiert, welchen Aufwand ein Rollstuhlfahrer auf sich nehmen muss, um eine Bordsteinkante zu überwinden:

> „Eine für Fußgänger selbstverständliche und triviale Bewegung. Diese Aufgabe kann der Rollstuhlfahrer nur durch das Ausführen mehrerer zielgerichteter Aktionen bewältigen."(Hutzler 1986, S. 1f.).

Eine Untersuchung von Jansen verdeutlicht die negative Haltung, die Nichtbehinderte gegenüber der funktionalen Beeinträchtigung haben. Denn Körperbehinderung bedeutet für die Befragten gesundheitliche Beeinträchtigung, geminderte äußerliche Attraktivität, weniger Chancen im Beruf, Einschränkung in der Freizeitgestaltung und im Aufbau von Freundschaften, Mobilitätsbeschränkung, Benachteiligung und Diskriminierung (vgl. Jansen 1976, S. 50). Körperbehinderung wird also ausschließlich als Nachteil betrachtet, vor dem man sich schützen muss. Ihr Eintreten würde demnach nicht nur eine Veränderung in der Lebensgestaltung mit sich bringen, sondern vor allem eine Verschlechterung der Lebensumstände oder gar eine Minderung der Lebensqualität.[65]

---

[64] In einer Bestandsaufnahme über die Ergebnisse der internationalen Forschung verweist Cloerkes auf eine Rangordnung in der Bewertung von Behinderungsarten, bei der Körperbehinderung im Vergleich am günstigsten gewertet wird (vgl. Cloerkes 1980, S. 171).

[65] In privaten Gesprächen der Verfasserin über dieses Thema wurde von mehreren Personen geäußert, sie wären lieber tot als lebenslang an den Rollstuhl gebunden.

4. Der behinderte Körper im Wertekontext

Die Einstellungen der befragten Nichtbehinderten zu Körperbehinderung verweisen auf Werte, die in der heutigen Kultur und Gesellschaft dominant sind. Körperbehindert sein bedeutet demnach nicht gesund, nicht leistungsfähig und äußerlich nicht attraktiv zu sein. Damit bleiben Körperbehinderten Ziele verwehrt, die für die befragten Nichtbehinderten von zentraler Bedeutung sein müssen: Leistung und Erfolg, symbolisiert durch Einkommen, Berufsposition, Prestige, Macht und hohen Lebensstandard.[66]

Körperbehinderte können diese Wertorientierung zwar mit Nichtbehinderten teilen, jedoch kann ein Mensch mit körperlicher Behinderung, der auf den Rollstuhl als Fortbewegungsmittel angewiesen ist, diese normativen Erwartungen nicht vollständig erfüllen. Hinsichtlich der äußeren menschlichen Erscheinung als ästhetische Norm und der menschlichen Leistungsfähigkeit gelten Rollstuhlfahrer als nicht normentsprechend (vgl. Kampmeier 1997, S. 85).

Widersprüchliche Normen

Die Interaktionsspannung, welche die Struktur sozialer Reaktionen Nichtbehinderter in der unerwarteten direkten Begegnung mit Körperbehinderten prägt, erklärt Cloerkes mit folgender These:

> „Die Normen sind widersprüchlich, und das führt zu Formen der sozialen Reaktion, die vordergründig akzeptabel sind und Entlastung von Unsicherheit versprechen, letztlich aber Ablehnung und soziale Isolation bewirken."(Cloerkes 1997, S. 90).

Körperbehinderten kann ihre Abweichung offiziell nicht angelastet werden, da eine absichtliche und aktive Verletzung der Normen nicht vorliegt. Im Gegenzug dazu bestehen Verhaltensnormen für die soziale Reaktion Nichtbehinderter auf Körperbehinderte; ein offenes Ausleben negativer Einstellungen gegenüber Körperbehinderten wird gesellschaftlich missbilligt. Der normative Konflikt besteht nun darin, dass auf der anderen Seite negative Einstellungen und Schuldzuschreibungen gegenüber Körperbe-

---

[66] Zahlreiche Autoren sehen darin die für heutige industrielle Gesellschaften dominanten Werte. Zum Beispiel nach Thimm/ Wieland ist die heutige Gesellschaft „wettbewerbsbestimmt mit starker Betonung von Leistung und Erfolg" (1983, S. 442); Klee schreibt: „Wir wurden erzogen Leistung und Gesundheit sei unser höchstes Gut, Arbeitskraft der Schlüssel zum Erfolg:"(1980, S. 15); für Ferber gehören Nützlichkeit, Verantwortlichkeit und Kontaktfähigkeit zu den strategischen Funktionsleistungen (1972, S. 32).

hinderung sozialisiert werden, weshalb eine solche Konstellation unweigerlich Ambivalenzgefühle, Verhaltensunsicherheit und Schuldangst erzeugt. Die Reaktionen auf behinderte Menschen zeugen von dieser problematischen Konstellation von Verhaltensnormen und Identitätsnormen, der Nichtbehinderte in der direkten Begegnung mit Körperbehinderten ausgesetzt sind:

Originäre Reaktionen richten sich direkt an die körperliche Abweichung und repräsentieren den ursprünglichen Wunsch, ungewöhnliche, den Identitätsnormen nicht entsprechende Erscheinungsformen anzustarren, anzusprechen oder anzufassen.

Offiziell erwünschte Reaktionen richten sich ausschließlich nach gesellschaftlichen Vorschriften, nach denen Behinderte akzeptiert und als gleichberechtigt anerkannt werden müssen.

Überformte Reaktionen stellen einen Ausweg dar aus dem normativen Konflikt zwischen originären und offiziell erwünschten Reaktionen. Beispielsweise durch eine überfreundliche, scheinbar distanzlose Reaktion können Schuldgefühle und Ängste in einer gesellschaftlich hochbewerteten und geförderten Weise ausgedrückt werden. So bleibt Distanz jedoch erst recht gewahrt; Peinlichkeit und Scheinakzeptanz sind die Folge.[67]

Die Relativität von Normen und Wertvorstellungen

Die Konfrontation mit einem normativ Abweichenden wird jedoch nicht nur durch den widersprüchlichen normativen Kontext geprägt. Vielmehr demonstrieren Körperbehinderte mit ihrer Existenz die Relativität kultureller Werte und gesellschaftlicher Ziele. Von Ferber fasst dies treffend zusammen:

> „Der behinderte Mensch stellt die für unsere Gegenwart kennzeichnende Vergesellschaftung als solche in Frage. Denn die Behinderung, gleich, welche Ursache sie haben mag, macht eine elementare schicksalhafte Eigenschaft des Menschen aus, die jeder Sozialbeziehung vorgelagert ist. Die Behinderung [...] ist von unserer Gesellschaft schon in ihrem Bauplan nicht mitbedacht, der am Gesunden, Vollhandlungsfähigen sich orientiert. [...] Er stellt eine Verkörperung menschlichen Daseins dar, an der die Lebensform der Gesellschaft heute auf eine selbst gesetzte Grenze stößt." (Ferber 1972, S. 32).

Denn anders als normativ Abweichende, die ihre Abweichung bewusst gewählt haben und diese demonstrativ leben, bedroht die Körperbehinde-

---

[67] vgl. Cloerkes 1997, S. 90ff. Seywald diagnostiziert ebenfalls Scheinakzeptanz, die sie in ‚Peinlichkeit' verwurzelt sieht, die Nichtbehinderte gegenüber Behinderten verspüren, da sie selbst vom Schicksal besser behandelt wurden (1978, S. 7).

rung als mögliche eigene Zukunft direkt das Selbst. Indem die Grenzen der eigenen Körperlichkeit vor Augen geführt werden, macht die Konfrontation mit Körperbehinderten die eigenen Wertvorstellungen nicht nur bewusst, sondern demonstriert vor allem deren Eindimensionalität und Begrenztheit. Damit stellt die normative Abweichung, tritt die normative Abweichung als Demonstration der eigenen existenziellen Verletzlichkeit ins Bewusstsein, eine Bedrohung für die eigenen Orientierungsmuster dar. Also führt die Konfrontation mit Körperbehinderten dem Nichtbehinderten die Relativität der Normen und Werte, an denen er sich orientiert, vor Augen. Nach den von Cloerkes beschriebenen Sozialisationspraktiken werden Menschen dazu sozialisiert, Normen einzuhalten und sich an Werten wie beispielsweise Gesundheit zu orientieren. Eine Abweichung, so lehrt der Sozialisationsprozess, wird sanktioniert. Auf diese Weise manifestiert sich ein Denkkonzept, das seine soziale Umwelt über die Kategorien ‚normal' und ‚abweichend' wahrnimmt.

Die von Ferber aufgezeigte Grenze lieg also im Denkkonzept Nichtbehinderter, demzufolge diese sich selbst als ‚normal' auffassen, während diejenigen, die eine Körperbehinderung aufweisen, als von der Normalität abweichend angesehen werden. Somit wird die normative Abweichung zu einer Abweichung von den Normalitätsvorstellungen der Nichtbehinderten, die soziale Reaktionen provoziert. ‚Normalität' stellt also eine grundlegende Norm dar, welche die Struktur sozialer Reaktionen mitbestimmt.

Die Tendenz Nichtbehinderter zu Interaktionsvermeidung mit Körperbehinderten kann folglich so interpretiert werden, dass Nichtbehinderte bemüht sind, Begegnungen mit ungewöhnlichen Erscheinungen zu vermeiden. Das Bestreben nach Aufrechterhaltung der Normalität in einer Situation, in der sie unerwartet mit einem Körperbehinderten konfrontiert werden, verweist ebenso darauf: Entsprechend der im zweiten Teil vorgestellten Irrelevanzregel wird die Körperbehinderung des Interaktionspartners ignoriert und somit eine Scheinnormalität konstruiert. Eine nähere Betrachtung von Normalitätsvorstellungen ist also angebracht, weshalb sich das folgende Kapitel deren Bedeutung für die soziale Positionierung widmet.

Normalität als Orientierungswert

Die Abweichung von der Norm bemisst sich am ‚Normalen'. Wenn im Gedicht von Gellert, ‚Im Land der Hinkenden' und Stotternden der Fremde ausgelacht und verspottet wird, so deshalb, weil er zunächst rein statistisch ‚anormal' erscheint; seine Art zu gehen und zu sprechen ist so ungewöhnlich, dass sie absurd anmutet. Statistische Anormalität verletzt selbstverständliche Verhaltenserwartungen und fordert bereits unterhalb der normativen Verhaltenserwartungen die Anstoßnahme der ‚Normalen' heraus.

Gleichzeitig veranschaulicht das Gedicht in Umkehrung bestehender Verhältnisse, dass die Etikette ‚normal' beziehungsweise ‚stigmatisiert' austauschbare Rollen darstellen. Dem Mensch mit steifen Füßen wird im ‚Land der Hinkenden' die Relativität seiner Normalitätsvorstellungen vor Augen geführt. Ein aufrechter Gang wird ebenso wie eine flüssige Aussprache als Behinderung aufgefasst. Dort ist derjenige ‚normal', der eine funktionale Beeinträchtigung aufweisen kann. Diejenigen, die dem Alltagsbild nicht entsprechen, die „in unerwünschter Weise anders [sind], als wir sie antizipiert hatten", werden zu Abweichenden (Goffman 1967, S. 13).

Während die Gegenposition zu ‚Normalität' relativ leicht zu beschreiben ist, stößt der Versuch einer positiven Deskription auf Hindernisse. Zwar nennt Goffman diejenigen, die von den jeweils in Frage stehenden Erwartungen nicht negativ abweichen, die ‚normals'. Jedoch verweist auch er darauf, dass jeder von uns den einen oder anderen gesellschaftlichen Makel besitzt und damit zu einem Diskreditierbaren wird (a.a.O., S. 157). Denn die Erwartungen sind selbst in einer weniger heterogenen Gesellschaft als der unsrigen niemals so eindeutig, dass nur ein bestimmter Typus von Normalität beschreibbar wäre. Dementsprechend stellt für Goffman die Normalitätsgrenze eine willkürliche dar, die er vollständig aufgehoben sehen will; denn seiner Meinung nach „kann man voraussetzen, daß der Stigmatisierte und der Normale die gleiche mentale Ausrüstung haben, und daß dies in unserer Gesellschaft notwendig die Standardausrüstung ist; derjenige, der eine dieser Rollen spielen kann, hat also genau die erforderliche Ausstattung, die andere zu spielen [...]."[68]

Trotzdem konnte die Auseinandersetzung mit sozialen Reaktionen Nichtbehinderter zeigen, dass in der Konfrontation mit Körperbehinderten eindeutige Normalitätsvorstellungen wirken. Auf dieser Ebene des alltäglichen unkritischen Denkens bildet, für den Mensch mit steifen Füßen ebenso wie für die hinkenden und stotternden Menschen, das Gewohnte, das Selbstverständliche die Sphäre der konventionellen und traditionellen Verhaltensweisen und Normen. Diese erscheinen so selbstverständlich und natürlich, dass sie möglicherweise ohne die Existenz von Abweichenden überhaupt nicht wahrgenommen werden. Normalität konstituiert sich demnach in der Konformität und Übereinstimmung in Identitäts- und Verhaltensnormen.

---

[68] a.a.O., S. 161. Eine Auseinandersetzung mit dem Normalitätsbegriff, die dem breiten Spektrum von Ansätzen gerecht wird, kann und wird hier nicht geleistet. Hier ist lediglich die Ebene der Normalitätsvorstellungen Nichtbehinderter relevant. Diese, so konnte die Auseinandersetzung mit sozialen Reaktionen auf Körperbehinderte zeigen, lassen sich – unabhängig von wissenschaftstheoretischen Diskussionen – auf eine eindeutige Orientierung an ‚normal' und ‚anormal' zurückführen.

Betrachtet man soziale Positionierung Körperbehinderter über die Zielsetzung von Rehabilitation, so scheinen Normalitätsvorstellungen hier ebenfalls leitend zu sein. Die Bewältigung von Behinderung wird als ‚Normalisierung' verstanden. Den Behinderten die Bedingungen zu schaffen, dass sie ein Leben so normal wie möglich führen können, wird konsequenterweise zum Maßstab einer Sozialpolitik für Behinderte (vgl. Ferber 1988, S. 75). Die ‚Normalisierung' erstreckt sich auf alle als bedeutungsvoll für Behinderte und Nichtbehinderte geltenden Lebensbereiche. Nirje hat für die Gruppe der geistig behinderten Menschen das Normalisierungsprinzip folgendermaßen formuliert:

> „a normal rythm of the day, a rythm of the week, normal rythm of the year, normal experiences of the life circle, normal respect, normal life in a heterosexual world, normal economic standards, normal environmental standards."(Nirje, zit. nach Ferber 1988, S. 75f.).

‚Normalität' erleichtert die Definition der Situation, die nach Goffman eine notwendige Voraussetzung für das ‚Gelingen' von Interaktionen darstellt und kann daher als ein für Menschen moderner Gesellschaften weitgehend selbstverständliches Orientierungs- und Handlungsraster gewertet werden, das durch institutionalisierte Praktiken garantiert und reproduziert wird. Über dieses werden Körperbehinderte positioniert, denn das ‚Durchschnittliche' oder das ‚Normale' definiert stets auch ein Gebiet, das von ihm abgetrennt ist und auf dessen Wiedereingliederung Rehabilitation ausgerichtet ist.

5. Soziale Reaktionen Nichtbehinderter im ‚Prozeß der Zivilisation'

Nun hat die bisherige Beschäftigung zu zwei zentralen Erkenntnissen geführt. Zum einen kann die Konfrontation mit einem Körperbehinderten eine Bedrohung des Selbst, gar der gesellschaftlichen Ziele und Wertvorstellungen bedeuten. Zum anderen weisen die hier betrachteten Untersuchungsergebnisse darauf hin, dass die darin wurzelnden ‚originäre' Angst- und Ablehnungsreaktionen unterdrückt und sozial erwünschtem Verhalten angepasst werden.

Es stellt sich nun die Frage, wie dieser Mechanismus erklärt werden kann. Wieso unterdrücken Nichtbehinderte gegenüber Körperbehinderten ihre ‚originären', ablehnenden Empfindungen? Welche Erklärungen gibt es dafür, wenn Menschen Rollstuhlfahrern beim Einsteigen in den Bus behilflich sind, auf ihre Unbeholfenheit mit Hilfsangeboten und Geduld reagieren oder bei unästhetischen Anblicken lediglich den Kopf zur Seite drehen?

Nach Seywald wurden Körperbehinderte im Mittelalter offen und un-sanktioniert verspottet (vgl. Seywald 1980, S. 9). Gellert beurteilt in seinem Gedicht von 1780 eine solche Verhaltensweise bereits als moralisch verwerflich. Heute sind solche Reaktionsformen in dieser Offenheit selten zu finden. Wie lässt sich eine solche Entwicklung also erklären? Elias bietet mit seiner ‚Theorie zum Prozess der Zivilisation' eine schlüssige Erklärung an, der sich das folgende Kapitel widmet.[69] Damit sollen die aufgezeigten Prozesse sozialer Positionierung Körperbehinderter in sein theoretische Modell der langfristigen Veränderung der Affekte und Triebe eingeordnet werden, um soziale Reaktionen abschließend in einem makrosoziologischen Bedeutungszusammenhang zu interpretieren.

Über Elias' ‚Prozeß der Zivilisation'

Der Begriff ‚Zivilisation' steht in Elias' Argumentation zusammenfassend für den Entwicklungsstand der modernen abendländischen Gesellschaft und vereinigt die Vorstellungen eines höheren Stands der Technik, der Wissenschaft, gesellschaftlicher Organisation und einer bestimmten Lebensweise (vgl. Baumgart/Eichener 1997, S. 53).

Demnach ist der Gesellschaftsprozess durch eine zunehmende sozioökonomische Differenzierung gekennzeichnet, die einer langfristigen Entwicklung unterliegt. Zunehmende Differenzierung bedeutet nach Elias ein Anstieg von Teilfunktionen und damit eine verstärkende gesellschaftliche Interdependenz. Indem Handlungen in eine längere Abhängigkeits- und Wirkungskette eingebunden sind, steigen jedoch nicht nur die Abhängigkeiten der Menschen untereinander, sondern stehen die Individuen vor der Forderung nach einem berechenbaren, regulierten und kontrollierten Verhaltens. Denn gesellschaftliches Zusammenleben in Form von Staaten, mit stabilen Regeln, mit Institutionen und mit ihrem Gewaltmonopol, das den inneren Frieden sichert, ist nach Elias erst ab einem bestimmten Niveau der Zivilisierung des individuellen Verhaltens möglich (vgl. a.a.O., S. 56f.). Demnach stehen die Grundlinien der Entwicklung menschlicher Persönlichkeitsstrukturen und die Herausbildung von Machtstrukturen und gesellschaftlichen Ordnungsstrukturen in gegenseitiger Abhängigkeit, sind

---

[69] Das zweibändige Werk „Über den Prozeß der Zivilisation. Soziogenetische und psychogenetische Untersuchungen" hat Elias in den Dreißiger Jahren im englischen Exil verfasst. 1939 erschien es bei dem Verlag Haus zum Falken in der Schweiz, wurde jedoch erst 1976 mit der zweiten Auflage im Suhrkamp-Verlag zu einem Verkaufserfolg (vgl. Korte 2000, S. 324). Elias' Theorie wird nur in Teilaspekten zur Argumentation herangezogen, weshalb auf Zitate aus der Originalliteratur verzichtet wird. Grundlage des sechsten Kapitels sind Baumgart/Eichener 1997 und Korte 2000.

sie als interdependente Teilbereiche des Zivilisationsprozesses zu verstehen (vgl. a.a.O., S. 54f.).

Elias entwickelt seine Theorie langfristiger Prozesse, indem er die Wandlungen dieser beiden Bereiche, also des menschlichen Verhaltens (Psychogenese) sowie der gesellschaftlichen Strukturen (Soziogenese) von den frühmittelalterlichen Feudalgesellschaften bis zu den höfisch-absolutistischen Gesellschaften des 18. Jahrhunderts analysiert.

Dabei kommt er zu der Schlussfolgerung, dass sich der gesellschaftliche Entwicklungsprozess insgesamt ungeplant vollzieht insofern, dass Zivilisation und Staatenbildung keine rationalen Prozesse darstellen, die von einer planenden Instanz gesteuert würden. Trotzdem weisen sie eine gewisse Ordnung auf, indem sich der Zivilisations- und Staatsbildungsprozess langfristig in eine bestimmte, zweckmäßige Richtung bewegt, die durch zunehmende Affektkontrolle und gesellschaftliche Integration gekennzeichnet ist (vgl. a.a.O., S. 76f.). Die Struktur entwickelt sich für Elias aufgrund der Eigendynamik des Beziehungsgeflechts, denn:

> „Pläne und Handlungen, emotionale und rationale Regungen der einzelnen Menschen greifen beständig freundlich oder feindlich ineinander. Diese fundamentale Verflechtung [...] kann Wandlungen und Gestaltungen herbeiführen, die kein einzelner Mensch geplant oder geschaffen hat. [...] Es ist diese Verflechtungsordnung, die den Gang des gesellschaftlichen Wandels bestimmt; sie ist es, die dem Prozeß der Zivilisation zugrunde liegt." (Elias, zit. nach Baumgart/Eichener 1997, S. 78).

Dementsprechend bestehen diese Interdependenzgeflechte – Elias bezeichnet sie als ‚Figurationen' – bereits vor jedem Einzelnen. Menschen werden in solche Figurationen hineingeboren, in ihnen sozialisiert und konditioniert. Ihre Pläne und individuellen Zwecksetzungen verflechten sich beständig mit den Intentionen anderer. Ebenso ist ihre Freiheit ein mehr oder minder begrenzter Spielraum innerhalb des Interdependenzgeflechts, da das Handeln in komplexeren Abhängigkeitsgeflechten Rücksicht und Voraussicht erfordert (vgl. a.a.O., S. 78).

Auf der Basis von Anstands- und Manierenbüchern sowie belletristischer Dichtung und bildlichen Darstellungen, die Elias als Zeugnisse tatsächlichen Verhaltens auswertet, analysiert er den langfristigen Modellierungs- und Regulierungsprozess des menschlichen Verhaltens. Dieser ist charakterisiert durch permanente Zurückdrängung der Triebe und Affekte, um das Zusammenleben in einer, von zunehmender gesellschaftlicher Differenzierung und Integration gekennzeichneten Gesellschaft, zu ermöglichen (vgl. a.a.O., S. 61). Über den Sozialisationsprozess wird der bestehende gesellschaftliche Standard konditioniert. Die vorerst durch Verbote und Sanktionen wirkende Affektkontrolle wandelt sich in einen Selbstzwang, der automatisch, blind und unabhängig von situationsabhängigen Sanktionen wirksam ist (vgl. a.a.O., S. 61).

Elias setzt die im Mittelalter übliche und akzeptierte Affektentladung in Beziehung zu der damaligen Gesellschaftsstruktur. Damals war impulsive, affektive Aggressivität zu Verteidigung und Herrschaftssicherung notwendig, da Gewaltausübung, und daher auch die individuelle Aggressivität, sozial kaum reguliert waren. Pazifizierte Gesellschaften bieten hingegen eine stabile Ordnungsmacht und damit dem Einzelnen soviel Sicherheit, dass er selbst auf Gewaltausübung verzichten kann. Ganz im Gegenteil wird die durch Selbstzwänge erfolgende Kontrolle und Regulation der Aggressivität zur unabdingbaren Voraussetzung des Zusammenlebens (vgl. a.a.O., S. 62f.).

Zivilisation bedeutet also eine langfristige Umwandlung der Außenzwänge in Innenzwänge.

Die Zielsetzung der Rehabilitation als Ausdruck der ‚Soziogenese'

Elias Theorie kann aus zweierlei Gründen auf die Thematik Körperbehinderung angewendet werden. Zum einen lässt sich die Diagnose der institutionellen Ausdifferenzierung direkt auf den Prozess der ‚Institutionalisierung' von Körperbehinderung übertragen; zum anderen wirkt sich die dort stattfindende Veränderung im institutionellen Umgang mit Körperbehinderten – entsprechend Elias' Argumentation der Interdependenz – auf soziale Reaktionen Nichtbehinderter aus.

Eduard Seidler, der in einem historischen Abriss den Umgang mit Körperbehinderten am Beispiel des Abendlandes analysiert, bestätigt die damals üblichen Ausschlusstendenzen, die in Gellerts antithetischem Gedicht aufgezeigt werden. Er beginnt im Griechenland der klassischen Zeit, in der es, nach Überlieferung der großen Philosophen, üblich war, verkrüppelte Neugeborene auszusetzen. Seneca berichtet beispielsweise:

> „Ungestaltete Geburten schaffen wir aus der Welt, auch Kinder, wenn sie gebrechlich und missgestaltet zur Welt kommen, ersäufen wir."(Seneca, zit. nach Seidler 1988, S. 5).

Erst mit dem Aufkommen des Christentums wurde die Aussetzung verkrüppelter Kinder aufgegeben, jedoch bestimmte weiterhin Ausschluss aus der Gemeinschaft den Umgang mit Behinderten. Körperbehinderte führten entweder ein Leben als Bettler, dienten als Narren der Ergötzung der Herrschenden am Hofe oder lebten in gesellschaftlicher Isolation in Klöstern oder versteckt bei der Familie (vgl. Seidler 1988, S. 6).

Die seit dem vierten bis sechsten Jahrhundert n. Chr. übliche Verwahrung Körperbehinderter in Waisen-, Siechen-, Pfründer- und Zuchthäusern diente als Sammelbecken verschiedenster Randgruppen. Erst im Zeitalter der Aufklärung wirkte sich die Tendenz, die Dinge in dieser Welt nicht nur zu verbessern, sondern auch jedem zugänglich zu machen, auf das Behindertenproblem aus. Seit den vierziger Jahren des 19. Jahrhunderts entstanden aus dieser Strömung private Institutionen der Körperbehindertenfürsorge. Als Beispiel für die beginnende Differenzierung des Rehabilitationsgedankens kann die 1840 vom evangelischen Geistlichen Gustav Werner gegründete Reutlinger Anstalt genannt werden. Dort wurde Körperbehinderten erstmals die Möglichkeit geboten, einer, ihren individuellen Fähigkeiten und Kräften entsprechenden Tätigkeit nachzugehen, um ihnen „das Bewusstsein zu geben, daß sie nicht unnütz auf der Welt sind und zu ihrem Unterhalt etwas beitragen können." (zit. nach Seidler 1988, S. 8). Dieser Idee schlossen sich weitere an. Mitte des 19. Jahrhunderts wurden erste ‚Erziehungs-, Unterrichts- und Bildungsanstalten für krüppelhafte Knaben' gegründet, die zuerst aus einer privaten Initiative entstanden waren und später unter staatliche Aufsicht gestellt wurden (vgl. a.a.O., S. 9).

Die von Elias beschriebene sozioökonomische Differenzierung weitete sich also auf Behinderte aus. Die Fürsorge Körperbehinderter wurde institutionalisiert und damit eine weitere, schließlich sogar staatliche, Teilfunktion geschaffen.

Enthielten gesetzliche Regelungen nur Maßnahmen zur „Bewahrung, Kur und Pflege der hilfsbedürftigen Geisteskranken, Idioten, Epileptischen, Taubstummen und Blinden", so wurde 1920, basierend auf der Kenntnis der ersten ‚Krüppelzählung' von 1906, erstmals eine versorgungsrechtliche Grundlage geschaffen (a.a.O., S. 15).

Die Struktur sozialer Reaktionen als Ausdruck der ‚Psychogenese'

Nach Elias steigt mit zunehmender Ausdifferenzierung von immer mehr Teilfunktionen das Niveau gesellschaftlicher Interdependenz und damit eine zunehmende Affektkontrolle der einzelnen Menschen. Die Voraussetzung für psychische Regulation der Gewaltausübung ist die gesellschaftliche Regulation in Form eines staatlichen Monopols jeglicher Gewaltausübung.

Der Wandel im Umgang mit Körperbehinderten bestätigt seine These. Denn im frühen Mittelalter wurden Körperbehinderte noch ausgesetzt und es galt das Vorurteil, nach dem ein missgestalteter Körper zwangsläufig mit einem schlechten Charakter erklärt wurde.[70] Inzwischen hat sich Rehabilitation die „(Wieder-) Herstellung körperlichen und seelischen Wohlbefindens und weitgehender sozialer (Re-)Integration" zum Ziel gesetzt (Badura/Lehmann 1988, S. 58). Rehabilitation ist geprägt von einer umfassenden und von vielen Disziplinen getragenen Einstellung zur medizinischen, psychologischen und sozialen Betreuung Behinderter, die motorische, soziale, emotionale und intellektuelle Fähigkeiten eines Behinderten fördern will (vgl. Seidler 1988, S. 18).

Sozialisation geschieht in einem soziokulturell und historisch begründeten Kontext. Da die Gesellschaft mit ihren Normen und Werten dem Individuum vorausgeht, ist anzunehmen, dass sich die ‚Zivilisation' im menschlichen Verhalten manifestiert. Ein ausdifferenziertes Rehabilitationssystem, medizinische Kenntnisse im Bereich der Körperbehinderung und die in der Aufklärung wurzelnden Bestrebungen, jedem ein Leben nach ‚normalem' Standard zu ermöglichen, finden also auch in sozialen Reaktionen auf Körperbehinderte ihren Niederschlag. Die aufgezeigten Verhaltensnormen, die den Umgang mit Körperbehinderten entsprechend dem heutigen gesellschaftlichen Standard, also demokratischen Grundsätzen, regeln, sind aufgrund der gesellschaftlichen Interdependenz verpflichtend. Entsprechend der Diagnose von Elias, nach der sich Außenzwänge in einem langfristigen Prozess nach innen verlagern, können die hier betrachteten Prozesse sozialer Positionierung Körperbehinderter letztendlich folgendermaßen interpretiert werden: Mit dem Aufkommen institutionalisierter Fürsorge Körperbehinderter wurde ablehnendes und diskriminierendes Verhalten gegenüber Körperbehinderten zunehmend sanktioniert. Dem folgte ein Schub von Affektkontrolle, der sich schließlich in Selbstzwänge verwandelt hat. In diese Figuration werden Menschen hineingeboren. Nichtbehinderte werden also von Beginn an darauf konditioniert, ihr Verhalten gegenüber Körperbehinderten zu kontrollieren und auftretende psychophysische Reaktionen zu unterdrücken, beziehungsweise in ansozialisiertes Verhalten umzuformen. Der individuelle Spielraum, den Elias den Einzelnen zugesteht, ermöglicht situationsabhängige Verhaltensweisen, ermöglicht Interaktionsvermeidung, Scheinakzeptanz oder gar Witze über Behinderte. Für offene Ausgrenzung, Ablehnung oder Verspottung fehlt in einer pazifistischen Gesellschaft jedoch die gesellschaftsstrukturelle Grundlage.

---

[70] vgl. Seidler 1988, S. 6. Dieses Vorurteil spiegelt sich wieder im Weltbild der Religionen, in Märchen und Dichtungen, in denen der Körperbehinderte als der Bösewicht erscheint.

Resümee zu Prozessen sozialer Positionierung Körperbehinderter

Die Auseinandersetzung mit Prozessen der sozialen Positionierung Körperbehinderter hat zu folgendem zentralen Ergebnis geführt: Verhaltensweisen Nichtbehinderter gegenüber Körperbehinderten sind erlernt. Originäre Reaktionen werden prinzipiell unterdrückt und in Abhängigkeit der jeweiligen Situationsbedingungen nach entsprechenden Verhaltensnormen geformt.

Aspekte dieser Struktur sozialer Reaktionen wurden dargestellt und anschließend in einen soziologischen Bedeutungszusammenhang gebracht. Mit Goffmans Stigma-Ansatz wurde die aufgezeigte Struktur sozialer Reaktionen über das Bedürfnis nach einer ‚Definition der Situation' erklärt. Demnach erzeugt die Konfrontation mit Körperbehinderten Verhaltensunsicherheit. Alltägliche Verhaltensmuster können in solchen Interaktionen nicht angewendet werden, denn bereits die Sitzposition eines Rollstuhlfahrers bietet ungleiche Ausgangsvoraussetzungen, da eine Interaktion auf Augenhöhe nicht stattfinden kann.

Um diese Struktur sozialer Reaktionen ursächlich erklären zu können, wurden anschließend Normen und Orientierungswerte betrachtet, welche die Prozesse der sozialen Positionierung prägen. So konnte ein Übergang gefunden werden von der mikrosoziologischen Ebene zu einer makrosoziologischen Theorie, mit welcher die aufgezeigte Konstellation gesellschaftstheoretisch interpretiert werden kann.

Hierfür wurde Elias' Theorie über den ‚Prozeß der Zivilisation' herangezogen, nach der eine Entwicklung zwar ungerichtet, jedoch langfristig zweckmäßig verläuft. Unter Zuhilfenahme seiner Grundannahme, dass ‚Soziogenese' und ‚Psychogenese' einander bedingen, wurde über die Darstellung der historischen Ausbildung von Rehabilitationsinstitutionen als Ausdruck der ‚Soziogenese' eine Erklärung gefunden für die im zweiten Teil skizzierten sozialen Reaktionen. Demnach bewirkte die Entwicklung von der Tötung über die Isolation zur Integration Körperbehinderter eine normative Veränderung im Umgang mit denselben. So konnte in der vorliegenden Arbeit gezeigt werden, dass heute Verhaltensnormen bestehen, die sowohl auf mikrosoziologischer, als auch auf makrosoziologischer Ebene offene Verspottung und Ausgrenzung sanktionieren.

Da mit Elias' ‚Prozeß der Zivilisation' eine Theorie langfristiger Entwicklungen hinzugezogen wurde, bietet es sich abschließend an, die in der

Einleitung formulierte Überlegung zu den Auswirkungen des Fortschrittes in der Genforschung hier weiterzuführen: Der Sinn der PID ist prinzipiell eindeutig: Hierbei geht es darum, Ungeborene, die das Risiko genetischer Erbfehler in sich tragen, auf Behinderungen und Krankheiten zu untersuchen. Über dieses Verfahren werden Behinderungen und Krankheiten frühzeitig erkannt, was den Eltern die Möglichkeit gibt, sich für das Austragen des Kindes oder für einen Schwangerschaftsabbruch zu entscheiden. Versteht man die PID als Ergebnis der ‚Institution' Genforschung, so sollte ihr routinierter Einsatz auf die Struktur sozialer Reaktionen Nichtbehinderter gegenüber Rollstuhlfahrern wirken.

Wird das kontrollierte Verhalten gegenüber Körperbehinderten seine Grundlage verlieren, da ihnen indirekt die Verantwortung für ihre Behinderung zugeschrieben werden kann? Auf welche Art und Weise verändern sich soziale Reaktionen Nichtbehinderter, wenn Körperbehinderte sich beispielsweise einer Therapie verweigern? Nimmt in einem solchen Fall die Toleranz und Akzeptanz gegenüber ihrer funktionalen Beeinträchtigung ab, so dürfte dieser Aspekt für eine Diskussion der sozialen Folgen eines routinierten Einsatzes der PID aufschlussreich sein.

Im zweiten Weltkrieg sind sehr viele Menschen kriegsbedingt zu Krüppeln geworden. Also stellte Körperbehinderung für die Menschen damals kein so ungewöhnliches Phänomen wie heute dar. Häufiger Kontakt zu Menschen mit Lederhänden oder Holzbeinen hat vielleicht den Prozess der Affektkontrolle in der Konfrontation mit Körperbehinderten gefördert und den Umgang mit ihnen erleichtert, weil Körperbehinderte Teil der alltäglichen Erscheinungen, Teil der Normalität waren. Wie wird sich die Psychogenese bezüglich des Verhaltens gegenüber Körperbehinderten entwickeln, wenn Fortschritte in der Medizin Körperbehinderungen auf ein Minimum reduzieren können?

Das Gedicht von Gellert wurde deshalb herangezogen, weil es kurz und treffend verdeutlicht, dass sich das Normale am Anormalen bemisst. Es kann also festgestellt werden, dass Normalität und Anormalität zwei Pole sind, die sich gegenseitig bedingen. Wie kann Normalität definiert werden, wenn es keine Körperbehinderung mehr gibt? Körperbehinderung als ‚anormales', da nicht alltägliches Phänomen, erfüllt also eine, die Entwicklung der Gesellschaft befördernde und sie erhaltende Funktion.

So geschieht – entsprechend der ‚Psychogenese' von Elias – in der Auseinandersetzung Einzelner mit Körperbehinderung auch eine strukturelle Veränderung, eine ‚Zivilisation der Gesellschaft'. Denn Elias identifiziert in der ‚Psychogenese' verschiedene Felder der Körperverdrängung. Reaktionen auf Körperbehinderte sind jedoch immer auch Reaktionen auf ein Körperkonzept, das in seiner funktionalen oder ästhetischen Beeinträchtigung besteht, das die Maxime der Affektkontrolle stört. Damit fördert Körperbehinderung den Zivilisationsprozess, indem über die Konfrontation mit ihr die ‚Psychogenese' erprobt wird, denn in der Begegnung mit Körperbehinderten präsentiert sich eine Form physischen Daseins, an der die Zivilisierung des Verhaltens an eine Grenze stößt.

> Habe ich meinen Körper verloren, so habe ich mich selbst verloren.
> Finde ich meinen Körper, so finde ich mich selbst.
> Bewege ich mich, so lebe ich und bewege die Welt.
> Ohne diesen Leib bin ich nicht, und als mein Leib bin ich.
> Nur in der Bewegung aber erfahre ich mich als mein Leib,
> erfährt sich mein Leib, erfahre ich mich.
> Mein Leib ist die Koinzidenz von Sein und Erkenntnis,
> von Subjekt und Objekt.
> Er ist der Ausgangspunkt und das Ende meiner Existenz.
> Paris 1965   Vladimir N. Iljine

Literaturverzeichnis

Aronson, Elliot: Sozialpsychologie. Menschliches Verhalten und gesellschaftlicher Einfluß, Heidelberg/Berlin/Oxford: Spektrum Akademischer Verlag 1994, S.295-348.

Badura, Bernhard und Harald Lehmann: Sozialpolitische Rahmenbedingungen, Ziele und Wirkungen von Rehabilitation. In: Uwe Koch und Gabriele Lucius-Hoene und Reiner Stegie: Handbuch der Rehabilitationspsychologie. Berlin/Heidelberg/New York: Springer Verlag 1988, S.58-73.

Baumgart, Ralf und Volker Eichener: Norbert Elias. Zur Einführung. Hamburg: Junius Verlag, 2.Aufl. 1997.

Benninghaus, Hans: Soziale Einstellungen und soziales Verhalten. Zur Kritik des Attitüdenkonzepts. In: Günther Albrecht und Hans–Jürgen Daheim und Fritz Sack (Hrsg.): Soziologie. Sprache, Bezug zur Praxis, Verhältnis zu anderen Wissenschaften. Festschrift für René König, Opladen 1973, S.671-707.

Bintig, Arnfried: Körperbehinderung. In: Günther Albrecht und Axel Groenemeyer und Friedrich W. Stallberg (Hrsg.): Handbuch soziale Probleme. Opladen / Wiesbaden: Westdeutscher Verlag 1999, S.487-506.

Bleidick, Ulrich: Die Behinderung im Menschenbild und hinderliche Menschenbilder in der Erziehung von Behinderten. In: Dietmar Schmetz und Peter Wachtel (Hrsg.): Texte zur Heilpädagogik. Grundlagen. Erschwerte Lebenssituationen: Erziehung und pädagogische Begleitung. Würzburg: Edition Bentheim 1994, S.5-37.

Cloerkes, Günther: Die Problematik widersprüchlicher Normen in der sozialen Reaktion auf Behinderte. In: Vierteljahreszeitschrift für Heilkunde und Nebenfächer 55 1984, S.25-40.

Ders.: Einstellung und Verhalten gegenüber Körperbehinderten. Eine Bestandsaufnahme der Ergebnisse internationaler Forschung. Berlin: Marhold Verlag, 2. Aufl. 1980.

Ders.: Soziologie der Behinderten. Eine Einführung. Unter Mitwirkung von Reinhard Markowetz, Heidelberg: Universitätsverlag C. Winter 1997.

Elias, Norbert: Über den Prozess der Zivilisation. 2 Bände, Frankfurt am Main: Suhrkamp Verlag, 2. Aufl. 1976.

Elias, Norbert und John L. Scotson: Etablierte und Außenseiter. Frankfurt am Main: Suhrkamp Verlag, 1990.

Ferber, Christian von: Der behinderte Mensch und die Gesellschaft. In: Walter Thimm (Hrsg.): Soziologie der Behinderten. Materialien. Neuburgweier / Karlsruhe: G. Schindele Verlag 1972, S.30-41.

Ders.: Auswirkung und Bewältigung von Behinderung: Soziologische und sozialpolitische Zugangsweisen. In: Uwe Koch und Gabriele Lucius-Hoene und Reiner Stegie: Handbuch der Rehabilitationspsychologie. Berlin / Heidelberg / New York: Springer Verlag 1988, S.74-85.

Goffman, Erving: Stigma. Über Techniken der Bewältigung beschädigter Identität. Frankfurt am Main: Suhrkamp Verlag 1967.

Goldberg, Richard T.: Adjustment of children with invisible and visible handicaps: Congenital heart disease and facial burns. Journal of Counseling Psychology, 21, 1974, S.428–432.

Gove, W. R.: Societal Reaction Theory and Disability. In: Albrecht, G.L. (Ed.): The sociology of Physical Disability and Rehabilitation. London 1976, S.57-71.

Groenemeyer, Axel: Bausteine einer Theorie sozialer Probleme. In: Günther Albrecht und Axel Groenemeyer und Friedrich W. Stallberg: Handbuch soziale Probleme. Opladen / Wiesbaden: Westdeutscher Verlag 1999, S.11-136.

Hettlage, Robert: Erving Goffman (1922-1982). In: Dirk Kaesler (Hrsg.): Klassiker der Soziologie. 2 Bände, München: Verlag C.H.Beck, 2.Aufl. 2000, S.188-205.

Holtorf, Christian: „Der (im-)perfekte Mensch". Behinderung als Thema der amerikanischen Kulturwissenschaften. In: DIE ZEIT, Nr.26 vom 21. Juni 2001, S.42.

Hutzler, Yeschayahu: Zur Bewegungshandlung von Rollstuhlfahrern. Theoretische und empirische Studien über die Mensch–Rollstuhl–Interaktion bei ausgewählten Fortbewegungsaufgaben. Diss. Heidelberg 1986.

Jansen, Gerd W.: Die Einstellung der Gesellschaft zu Körperbehinderten. Eine psychologische Analyse zwischenmenschlicher Beziehungen aufgrund empirischer Untersuchungen. Neuburgweier: Schindele-Verlag, 3. Aufl. 1976.

Jantzen, Wolfgang: Sozialisation und Behinderung. Studien zu sozialwissenschaftlichen Grundfragen der Behindertenpädagogik. Gießen: Focus-Verlag 1974.

Kampmeier, Anke S.: Körperliche Behinderung: Auswirkungen auf das Körperbild und das Selbstbild der Menschen. Eine vergleichende Untersuchung zum Körperbild und Selbstbild körperbehinderter und nichtbehinderter Menschen. Diss. Dortmund 1997.

Keupp, Heinrich: Normalität und Abweichung. Fortsetzung einer notwendigen Kontroverse. Wien / München / Baltimore: Urban und Schwarzenberg 1979.

Klee, Ernst: Behindertenreport II. „Wir lassen uns nicht abschieben". Bewußtwerdung und Befreiung der Behinderten. Frankfurt 1976.

Klee, Ernst: Behindert. Ein kritisches Handbuch. Frankfurt am Main: S. Fischer Verlag 1980.

Klingmüller, Bernhard: „Stigma" als Perspektive. Diss. Berlin 1990.

Ders.: Zur Soziologie der Körperbehinderung. In: Barbara Wellmitz und Barbara von Pawel (Hrsg.): Körperbehinderung. Berlin: Ullstein Mosby 1993, S.88-107.

Korte, Hermann: Norbert Elias (1897-1990). In: Dirk Kaesler (Hrsg.): Klassiker der Soziologie. 2 Bände, München: Verlag C.H.Beck, 2.Aufl. 2000, S.315-333.

Lexikon zur Soziologie. Hrsg. Von Werner Fuchs–Heinritz und Rüdiger Lautmann und Ottheim Rammstedt und Hanns Wienold, Opladen: Westdeutscher Verlag, 3. Aufl. 1994.

Link, Jürgen: Versuch über den Normalismus. Wie Normalität produziert wird. Opladen: Westdeutscher Verlag 1997.

Müller, Hans-Peter: Emile Durkheim (1858-1917). In: Dirk Kaesler (Hrsg.): Klassiker der Soziologie. 2 Bände, München: Verlag C.H.Beck, 2.Aufl. 2000, S.150-170.

Mürner, Christian: Normalität und Behinderung. Weinheim / Basel: Beltz Verlag 1982.

Ders.: Die Normalität der Kunst. Das Bild, das wir Normalen uns von Behinderten machen. Köln: Pahl–Rugenstein Verlag, Hochschulschriften Gesellschafts- und Naturwissenschaften 1989.

Parsons, Talcott: Einige theoretische Betrachtungen zum Bereich der Medizinsoziologie. In: Sozialstruktur und Persönlichkeit. Frankfurt am Main: Fachbuchhandlung Psychologie, 4.Aufl. 1981, S.408-449.

Rose, Arnold M.: Systematische Zusammenfassung der Theorie der symbolischen Interaktion. In: Heinz Hartmann: Moderne amerikanische Soziologie. Neuere Beiträge zur soziologischen Theorie. Stuttgart: Ferdinand Enke Verlag 1967, S.219-232.

Schnabel, Ulrich und Urs Willmann: Hättest du mich abgetrieben? In: DIE ZEIT, Nr.7 vom 8. Februar 2001, S.27f.

Schulte, Bernd und Peter Trenk-Hinterberger: Bundessozialhilfegesetz (BSHG) mit Durchführungsverordnungen. Beck'sche Gesetzestexte mit Erläuterungen. München: C.H. Beck 1984.

Seidler, Eduard: Historische Elemente des Umgangs mit Behinderung. In: Uwe Koch und Gabriele Lucius-Hoene und Reiner Stegie: Handbuch der Rehabilitationspsychologie. Berlin / Heidelberg / New York: Springer Verlag 1988, S.3-19.

Seywald, Aiga: Physische Abweichung und soziale Stigmatisierung. Zur sozialen Isolation und gestörten Rollenbeziehung physisch Behinderter und Entstellter. Rheinstetten: Schindele Verlag, 2.Aufl. 1978.

Dies.: Anstossnahme an sichtbar Behinderten, Soziologische und psychologische Ansätze zur Erklärung der Stigmatisierung physisch Abweichender. Rheinstetten: Schindele Verlag 1980.

Thimm, Walter (Hrsg.): Soziologie der Behinderten. Materialien. Neuburgweier / Karlsruhe: G. Schindele Verlag 1972.

Thimm, Walter und Heinz Wieland: Soziologische Aspekte der Körperbehinderung. In: Jansen Haupt (Hrsg.): Pädagogik der Körperbehinderten. Handbuch der Sonderpädagogik. Bd.8, Berlin: Marhold Verlag 1983.

Tröster, Heinrich: Interaktionsspannungen zwischen Körperbehinderten und Nichtbehinderten. Verbales und Nonverbales Verhalten gegenüber Körperbehinderten. Göttingen: Verlag für Psychologie 1988.

Ders.: Einstellungen und Verhalten gegenüber Behinderten. Konzepte, Ergebnisse und Perspektiven sozialpsychologischer Forschung, Bern / Stuttgart / Toronto: Verlag Hans Huber 1990.

Weber, Max: Soziologische Grundbegriffe. Hrsg. Von Johannes Winckelmann. Tübingen: J.C.B. Mohr (Paul Siebeck), 6., neu bearb. Aufl.1984.

World Health Organisation: International Classification of Impairments, Disabilities and Handicaps: A manual Classification Relating to the Consequences of Diseases. Geneva 1980.

Personenregister